"博学而笃志，切问而近思。"

(《论语》)

博晓古今，可立一家之说；

学贯中西，或成经国之才。

1905

复旦博学 · 复旦博学 · 复旦博学 · 复旦博学 · 复旦博学 · 复旦博学

作者简介

胡庆康，男，1942年生。复旦大学国际金融系教授、博士生导师。1999—2000年任国际金融系系主任，1981—1983年在美国西北大学经济系进修，主攻财政金融，回国后筹建国际金融专业。1990年赴香港浸会大学经济系访问讲学。长期从事"货币银行学"的教学和研究。著有《现代货币银行学教程》(1997年被列为国家教委推荐教材，1998年获上海市高等学校优秀教材一等奖)，《现代公共财政学》(1999年上海市高等学校优秀教材二等奖)。发表论文几十篇，主要有"证券市场的理论与实践""中国的财政政策与货币政策协调""论中央银行监管"和"合业经营：金融体制改革的基本趋势"等。

复旦博学·金融学系列
FINANCE SERIES

现代货币银行学
教程习题指南

（第三版）

胡庆康　主编

复旦大學 出版社

内容提要

本书是学习《现代货币银行学教程》（第六版）的配套习题与解答，全书共分九章。为使读者尽快、全面掌握该教程的知识，本书各章采用判断题、选择题、名词解释、问答题、论述题计算题等各种题型，内容覆盖基本概念、基本理论、基本原理几个方面。在题目之后，配有较详尽的解答，对读者掌握现代货币银行理论，培养实际运用能力较有帮助。本书既可单独阅读，也可结合《现代货币银行学教程》（第六版）教材共同使用，是学习现代货币银行学较好的参考书。

目　录

第一章　货币与货币制度

第一节　习　　题

(一) 判断题

1. 在金本位制下,由于金币可以自由铸造,所以其价值与本身的金属价值是不一致的。(　　)

2. 信用货币是银行对货币持有人的负债,是由政府投放到流通领域中去的。(　　)

3. 信用货币从理论和实践上都可以发挥世界货币功能。(　　)

4. 由于辅币的有限法偿性,用辅币向国家缴税也是受数量限制的。(　　)

5. 每个国家货币层次的划分是基本一致的。(　　)

6. 任何货币的一个必要条件是本身具有价值。(　　)

7. 金融工具的流动性越强,其收益越高。(　　)

8. 在金属货币制度下,本位币可以自由铸造与自由熔化。(　　)

9. 金银复本位制是以金银为货币金属,只铸造和流通金银币的货币制度。(　　)

10. 金本位制崩溃的直接原因是经济危机。(　　)

11. 信用货币主要包括银行支付委托书、纸币、发货票等。(　　)

12. 信用货币是在信用关系发展的基础上产生的,代替金属铸币的货币符号。(　　)

13. 货币作为流通手段必须是足值的货币。(　　)

(二) 选择题

1. 一种商品的价值表现在一系列商品上,这被称为_____;当一切商品的价值都在某一种商品上得到表现,这被称为_____。

　　A. 简单的价值形式　　　　　　B. 扩大的价值形式

　　C. 一般价值形式　　　　　　　D. 货币形式

2. 货币职能中,可以采用观念上的货币的有:_____,必须采用现实的货币的有:_____,两者都可以采用的有:_____。

　　A. 价值尺度　　　　　　　　　B. 流通手段

　　C. 贮藏手段　　　　　　　　　D. 支付手段

　　E. 世界货币

3. 下列情况中,货币执行支付手段职能的有:_____。

　　A. 偿还欠款　　　　　　　　　B. 支付工资

　　C. 支付货款　　　　　　　　　D. 支付佣金

　　E. 支付房租

4. 货币执行世界货币的职能主要表现为:_____。

　　A. 平衡国际收支差额　　　　　B. 促进金融市场发展

　　C. 促进全球化　　　　　　　　D. 购买手段

　　E. 财富转移

5. 某公司以延期付款方式销售给某商场一批商品,则该商场到期偿还欠款时,货币执行_____职能。

　　A. 支付手段　　　　　　　　　B. 流通手段

　　C. 购买手段　　　　　　　　　D. 贮藏手段

6. 货币制度的基本内容有:_____。

　　A. 货币金属　　　　　　　　　B. 货币单位

　　C. 通货的铸造、发行和流通程序　D. 金准备制度

7. 金银复本位制包括以下三种货币制度,其中金银两种货币均各按其所含金属的实际价值任意流通的货币制度是:_____。

A. 平行本位制　　　　　　　B. 双本位制

C. 跛行本位制

8. 现代货币制度的主要特征是：_____。

A. 通货是中央银行发行的纸币,具有无限法偿资格

B. 纸币不与金银保持等价关系

C. 货币是通过信用程序发行的

D. 银行存款也是通货

E. 纸币与黄金可以自由兑换

9. 金币本位制的特点是：_____。

A. 以黄金为币材

B. 金币可以自由铸造与熔化

C. 价值符号可以自由兑现金币

D. 金银同时流通

E. 黄金可以自由输出与输入

10. 广义货币包括：_____。

A. 现金货币　　　　　　　　B. 非现金货币

C. 定期存款　　　　　　　　D. 转账支票

11. 格雷欣法则是_____法则。

A. 劣币驱逐良币　　　　　　B. 良币驱逐劣币

C. 劣币良币并存　　　　　　D. 纸币铸币同时流通

12. 我国的现金货币包括：_____。

A. 流通中的纸币　　　　　　B. 流通中的辅币

C. 活期存款　　　　　　　　D. 定期存款

(三) 名词解释

1. 一般等价物

2. 货币

3. 货币流通规律

4. 纸币

5. 电子货币

6. 黄金的非货币化

7. 货币制度

8. 本位币和辅币

9. 货币的无限法偿和有限法偿

10. 金本位制

11. 货币供应量

12. 准货币

13. 金融资产的流动性

14. Gresham's Law

(四) 问答题

1. 什么是货币的本质特征？它在商品经济中发挥着哪些主要功能？并试举例说明之。

2. 货币与普通商品有何共性与区别？

3. 货币制度由哪些主要要素构成？

4. 在我国,货币作为一种价值储藏,在 20 世纪 60 年代是否比在 20 世纪 80 年代末好？为什么？在哪个时期里你更愿意持有货币？

5. 试分析下面各个因素的变化对现实购买力的影响：

(1) 活期存款增加；

(2) 现金增加；

(3) 支票存款增加；

(4) 定期存款增加。

6. 为什么说纸币本位取代金本位是历史的进步？

7. 货币作为流通手段对商品交换产生了正、反两方面的何种影响？

8. 货币作为价值贮藏手段,是如何调节货币流通的？信用货币也有这项功能吗？

9. 比较说明金银复本位制的三种形式。

10. 什么是金本位制下的金平价？金本位制下,汇率是如何稳定的？

11. 信用货币的流通量是如何影响经济的？

12. 什么是货币流通规律？

13. 将100元人民币存入商业银行活期账户,同时把100元人民币存入商业银行的储蓄存款账户,两种行为对 M_1 和 M_2 有无影响,为什么?

14. 什么是信用货币?它产生的基础是什么?

15. 如何理解"货币代表着一种社会生产关系"?

16. 试从金本位制的特点,说明货币制度从金币本位制到金块本位制及金汇兑本位制的演变,以及金本位制为不兑现的信用货币制度所取代的原因。

17. 货币供应量是根据什么来划分层次的?为什么说货币供应量层次的划分具有重要的理论意义和现实意义?

第二节 习题答案

(一) 判断题

1. × 2. × 3. × 4. × 5. × 6. √ 7. × 8. ×
9. √ 10. √ 11. × 12. √ 13. ×

(二) 选择题

1. B;C 2. A;BC;DE 3. ABCDE 4. ADE 5. A
6. ABCD 7. A 8. ABC 9. BCE 10. ABCD 11. A 12. AB

(三) 名词解释

1. 一般等价物:一切商品的价值都在某一商品上得到表现,这种商品即是一般等价物。

2. 货币:货币是商品交换发展的产物,是从商品世界中分离出来的、固定地充当一般等价物的特殊商品。

3. 货币流通规律:货币作为流通手段,在流通中所需的货币量(M)取决于三个因素:① 待流通的商品数量(T);② 商品价格(P);③ 货币流通速度(V)。它们之间的关系可以表述为: $M = \dfrac{PT}{V}$,这一规律不以人的意志为转移,它存在于一切发生商品交换的地方。

4. 纸币:是银行和政府发行,并依靠其信誉和国家权力强制流通的价值符号,是一种不兑现的信用货币。

5. 电子货币:是信用货币与电脑、现代通信技术相结合的一种新的货币形态,它通过电子计算机运用电子信号对信用货币实施储存、转账、购买和支付,相比纸币、支票等货币形态更加快速、方便和节约,目前主要形式有借记卡、储值卡、电子现金和电子支票。

6. 黄金的非货币化:是指不兑现的信用货币——纸币代替黄金成为本位币,黄金完全退出货币流通的现象。

7. 货币制度:是指一个国家以法律形式规定的货币流通的组织形式,简称币制。它是随着资本主义经济制度的建立而逐步形成的,随着商品经济的发展变化,货币制度也不断演变。它的基本内容包括:货币金属与货币单位;通货的铸造、发行与流通程序;金准备制度等。

8. 本位币:是指按国家规定的货币单位所铸成的铸币,亦称主币。

辅币:是主币以下的小额通货,供日常零星交易与找零之用。

9. 货币的无限法偿:本位币的面值与实际金属价值是一致的,是足值货币,国家规定它有无限支付的能力,不论支付额有多大,出售者和债权人都不得拒绝接受。

货币的有限法偿:辅币一般用较贱金属铸造,其所包含的实际价值低于名义价值,是不足值货币,但国家规定在一定限额内,辅币可以与主币自由兑换,即有限法偿。

10. 金本位制:是指以黄金作为本位货币的货币制度。其主要形式有:金币本位制、金块本位制和金汇兑本位制。通常所说的金本位制是指金币本位制。

11. 货币供应量:是指一国在一定时点为社会经济运转服务的货币存量总额,它由包括中央银行在内的金融机构供应的存款货币和现金货币两部分构成。

12. 准货币:又叫近似货币(quasi-money),是一种以货币计值,虽不能直接用于流通,但可以随时转换成通货的资产。准货币虽不是真正意义上的货币,但因可随时转化为现实的货币,故对货币流通有很大影响,是一种潜在货币。

13. 金融资产的流动性：也称"货币性"，是指一种金融资产能迅速转换成现金而对持有人不发生损失的能力，即变为现实的流通手段和支付手段的能力，也称变现力。

14. Gresham's Law：即格雷欣法则，又称"劣币驱逐良币规律"。在金银双本位制下，金银两种货币按国家规定的法定比例流通，结果官方的金银比价与市场自发金银比价平行存在。当金币与银币的实际价值与名义价值相背离，从而使实际价值高于名义价值的货币（即所谓"良币"）被收藏、熔化而退出流通，实际价值低于名义价值的货币（即所谓"劣币"）则充斥市场，即所谓的"劣币驱逐良币"。

(四) 问答题

1. 什么是货币的本质特征？它在商品经济中发挥着哪些主要功能？

答：货币是固定地充当一般等价物的特殊商品，并体现一定的社会生产关系。这就是货币的本质的规定。

货币在商品经济中的职能是货币本质的具体表现，是商品交换所赋予的，也是人们运用货币的客观依据。在商品经济中，货币执行着以下五种职能：

① 在表现和衡量其他一切商品和劳务的价值时，执行价值尺度职能。在执行这个职能时，可以用观念上的而不需要现实的货币，它把商品的价值表现为一定数量的货币。商品价值的货币表现就是价格。

② 在商品交换中充当交易的媒介，货币执行流通手段的职能。作为流通手段的货币必须是现实的货币。货币作为流通手段，改变了商品交换的运动形式，使物物交换分解为买与卖两个环节，突破了物物交换的局限性，促进了商品交换的发展。

③ 货币退出流通，贮藏起来被当作社会财富的一般代表，执行贮藏手段职能。在足值的金属货币流通的情况下，货币作为贮藏手段，具有自发调节货币流通的作用。而在信用货币流通的情况下，货币不能自发地调节流通中的货币量。

④ 货币作为交换价值而独立存在，并伴随着商品运动而作单方面转移，执行支付手段职能。支付手段职能是一切信用关系的基础，

一方面克服了现货交易的局限,极大地促进了商品交换;另一方面又造成买卖进一步脱节,使商品经济的矛盾进一步复杂化。

⑤ 货币超越国界,在世界市场上发挥一般等价物作用时,执行世界货币职能。世界货币职能从严格意义上说并不是货币的一个单独的职能,它只是商品生产和交换超出国界,使货币的以上四种职能在世界范围内延伸的结果。

货币的五种职能,各自具有相应的内涵与作用,但相互之间又紧密相连。其中,价值尺度与流通手段是两个基本职能,贮藏手段和支付手段是在此基础上派生出来的,世界货币职能则是其他各个职能在世界市场范围内发展的结果。

2. 货币与普通商品有何共性与区别?

答:货币是固定地充当一般等价物的特殊商品。从货币起源中可以看出,货币首先是商品,具有商品的共性,即都是用于交换的劳动产品,都具有使用价值和价值。然而,货币又是和普通商品不同的特殊商品。

作为一般等价物,它具有两个基本特征:

① 货币是表现一切商品价值的材料。普通商品直接表现出其使用价值,但其价值必须在交换中由另一商品来体现。货币是以价值的体现物出现的,在商品交换中直接体现商品的价值。

② 货币具有直接同所有商品相交换的能力。普通商品只能以其特定的使用价值去满足人们的某种需要,因而不可能同其他一切商品直接交换。货币是人们普遍接受的一种商品,是财富的代表,拥有它就意味着能够去换取各种使用价值。

3. 货币制度由哪些主要要素构成?

答:货币制度的主要构成要素包括:货币金属与货币单位,通货的铸造、发行与流通程序,金准备制度等。

① 货币金属与货币单位。确定货币币材是建立货币制度的首要步骤,选择什么样的本位币币材是建立货币制度的基础,选择什么样的金属作为本位币的币材,就会构成什么样的货币本位制度。这是由国家法律确立的,并受到客观经济发展需要的制约。规定货币

单位,包括规定货币单位的名称和每一货币单位所包含的货币金属量。规定货币单位及等分,货币就有了统一的价格标准。

②通货的铸造、发行与流通程序。通货的铸造是指本位币与辅币的铸造。本位币是按照国家规定的货币单位所铸成的铸币,亦称主币。本位币具有无限法偿能力,即国家规定本位币具有无限支付的能力,不论支付额多大,出售者和债权人都不得拒绝接受。同时,本位币可以自由铸造、自行熔化,并且在流通中磨损超过重量公差的本位币可向政府指定的单位超差兑换。辅币是主币以下的小额通货,供日常零星交易与找零之用。辅币具有有限法偿性,国家以法令形式规定在一定限额内,辅币可与主币自由兑换,辅币不能自由铸造,只准国家铸造,而且铸币收入归国家所有,作为财政收入的重要来源。

③金准备制度。金准备制度就是一国货币稳定的基础。黄金储备可以作为国际支付手段的准备金,也就是作为世界货币的准备金。

4. 在我国,货币作为一种价值储藏,在 20 世纪 60 年代是否比在 20 世纪 80 年代末好? 为什么? 在哪个时期里你更愿意持有货币?

答:一种货币能否作为价值储藏的好办法,要看它是否具有保值的功能。在我国,货币作为一种价值储藏,在 20 世纪 60 年代要比在 20 世纪 80 年代末好,因为在 80 年代,我国经济出现通货膨胀,物价持续上涨,相同数量的货币能购买的实物商品数量减少,即货币的购买力下降了,此时储藏货币就不具有保值的功能。因此,相比之下,更愿意在 60 年代持有货币,而 80 年代则更偏向于持有实物资产。

5. 试分析下面各个因素的变化对现实购买力的影响:

(1) 活期存款增加;

(2) 现金增加;

(3) 支票存款增加;

(4) 定期存款增加。

答:金融资产在流通中形成购买力的程度取决于该项资产的流动性。即一种金融资产能迅速转换成现金而对持有人不发生损失的能力,也就是变为现实的流通手段和支付手段的能力,也称为变现力。由于活期存款和现金可以直接作为流通手段使用,因而具有完

全的流动性;而定期存款和储蓄存款则流动性较低,需要转化为现金或活期存款才能变为现实的购买力。所以:

(1) 活期存款增加,会直接影响现实购买力,使现实购买力增加。

(2) 现金和支票存款的增加,也会直接影响现实购买力,使现实购买力增加。

(3) 定期存款的增加,并不会影响现实购买力,它需要转化为现金或活期存款才能影响现实的购买力。

6. 为什么说纸币本位取代金本位是历史的进步?

答:在人类社会经济生活中,货币的形式是不断发展的,由足值的金属货币(如金币、银币)到足值的货币的代表(如纸币)到不可兑现的信用货币,这个发展过程是商品经济不断发展的客观要求和必然产物。

(1) 金本位制为纸币本位制取代,从其自身的缺陷来讲,有其必然性:

① 黄金的藏量和产量的有限性与商品生产和交换扩大的无限性之间的矛盾,是金本位制崩溃的根本原因。货币流通规律要求在货币流通速度一定的条件下,货币供应量要与社会商品价值总额相适应。然而黄金的产量与存量有限,远远跟不上资本主义商品经济的飞速发展。尽管金块本位制和金汇兑本位制的出现在一定程度上缓和了这个矛盾,却不能从根本上解决它。

② 金本位制下的货币价值稳定只是相对的。黄金本身的价值受黄金的劳动生产率变化的影响,而且黄金的相对价值还要受黄金供求状况的影响。这使金本位制下的币值稳定与物价稳定都是相对的。

③ 在金本位制度下,黄金可以在国与国之间自由流动,使各国经济紧密相连,因而不利于各国实行独立的经济政策。

(2) 同时,纸币本位制能够取代金本位制,也是有其自身的深刻原因的:

① 在金属货币流通的情况下,由于种种原因,铸币的名义价值会与实际价值相背离,而这并不影响它执行货币职能,于是产生了以不足值的价值符号取代金属货币来执行货币职能的可能性。

② 在货币形式发展过程中,货币是商品这一要求逐渐被淡忘,纸币可以继续发挥货币的主要功能。

由此可以看出,纸币本位取代金本位反映了商品经济发展的规律,是商品经济发展到一定阶段的必然选择,是历史的进步。

7. 货币作为流通手段对商品交换产生了正、反两方面的何种影响?

答:货币作为流通手段,改变了过去物物交换的运动公式,即 $W—W$。货币出现后,商品交换分为卖和买两个环节,即 $W—G$ 和 $G—W$,冲破了原来物物交换的许多局限性,如交换双方对使用价值的需求一致、交换的时间地点一致等,促进了商品交换的发展;另一方面,也使商品生产者之间的社会联系和商品经济的内在矛盾更加复杂化了。因为商品交换分为卖和买两个环节,可能会引起买卖脱节,使得社会分工形成的生产者相互依赖的链环有中断的可能,孕育着经济危机。

8. 货币作为价值贮藏手段,是如何调节货币流通的? 信用货币也有这项功能吗?

答:在足值的金属货币流通的情况下,货币作为贮藏手段,具有自发调节货币流通的作用。当流通中的货币量大于商品流通所需要的货币量时,多余的货币就会退出流通领域;当流通中所需要的货币量不足时,贮藏货币又会重新加入流通。贮藏货币就像蓄水池一样自发地调节着流通中的货币量,使它与商品流通相适应。信用货币则不存在这种贮藏功能,因为货币的贮藏手段是以金属货币为前提的,即只有在金属货币流通的条件下,货币才能自发地进出流通领域,发挥蓄水池的作用。如果通货膨胀水平较低,并且预期通货膨胀水平也很低,信用货币是可以被“贮藏”起来的,但这种暂歇在居民手中的货币不是贮藏货币,它仍是计算在市场流通量之中的,这样,信用货币也就不能自发调节流通量中的货币量,贮藏手段职能实际上也就不存在了。

9. 比较说明金银复本位制的三种形式。

答:金银复本位制按金银两种金属的不同关系分为平行本位

制、双本位制和跛行本位制。它们都是以金和银同时作为币材的货币制度。

在平行本位制下,金银两种货币可自由铸造,并且均各按其所含金属的实际价值任意流通。国家不固定金银两种货币之间的兑换比例,而由市场上自发形成的金银比价自行确定金币与银币的比价,因此汇率极不稳定。

在双本位制下,金银两种货币也可自由铸造,国家按照市场上的金银比价为金币和银币确定固定的兑换比率,金银两种货币按法定比例流通。在双本位制下会产生"劣币驱逐良币"的现象。

在跛行本位制下,金币可自由铸造而银币不允许自由铸造,并且金币与银币以固定的比例兑换。跛行本位制是由复本位制向金本位制过渡的一种中间形式。

10. 什么是金本位制下的金平价? 金本位制下,汇率是如何稳定的?

答:在实行金本位制的国家之间,其汇率是根据两国货币的黄金含量计算出来的,称为金平价。在金本位制下,金币可以自由铸造、自由熔化,黄金可以自由输入、输出。由于供求关系等因素会导致市场汇率偏离金平价,当该市场汇率达到黄金输出、输入点时,黄金就会在外汇市场不均衡引起的利益驱动下在金本位制国家之间自由输出、输入,从而影响供求关系,稳定外汇汇率,将汇率控制在黄金输出、输入点之间。

11. 信用货币的流通量是如何影响经济的?

答:信用货币是银行对货币持有人的负债,通过银行放款程序流入到流通领域中去。如果银行放松银根,如通过降低贴现率、存款准备金率,在证券市场上公开买入证券等措施增加货币供给量,如果信用货币投放过多,就可能出现通货膨胀、物价上涨;如果紧缩银根,如通过提高贴现率、存款准备金率,在证券市场上公开卖出证券等措施减少货币供给量,就可能出现通货紧缩、物价下跌。信用货币流通量的多少能够影响经济的发展,因此,国家对银行信用加以调控,以达到其政策目的,保证货币流通量适应经济发展的需要。

12. 什么是货币流通规律?

答：货币流通是指货币作为购买手段,不断离开起点,从一个商品所有者手里转到另一个商品所有者手里的运动。货币流通规律是指流通中所需要的货币量取决于商品的数量(T)、商品价格(P)和货币流通速度(V)的规律。若以 M 代表流通中所需的货币数量,则货币流通规律可以表述为：$M = \dfrac{PT}{V}$。这一规律不以人的意志为转移,它存在于一切发生商品交换的地方。

13. 将 100 元人民币存入商业银行活期账户,同时把 100 元人民币存入商业银行的储蓄存款账户,两种行为对 M_1 和 M_2 有无影响,为什么?

答：前一种行为对 M_1 和 M_2 均有影响,而后一种行为仅对 M_2 有影响。从货币层次的划分可以看出：

M_1＝通货＋银行体系的活期存款,因此,将 100 元存入活期账户会使 M_1 增大。而 M_2＝M_1＋商业银行的定期存款和储蓄存款,所以 M_1 的变化也将影响 M_2。这样,前一种行为既影响 M_1 又影响 M_2。储蓄存款不包含在 M_1 之内,所以后一种行为只影响 M_2 而不影响 M_1。

14. 什么是信用货币? 它产生的基础是什么?

答：信用货币是货币的较高发展形式,它是指作为货币的价值大于其作为商品的价值的货币。它替代金属货币,在商品经济中充当流通手段与支付手段。

货币形式是随着社会生产力的发展和社会的演化而变化的。金银曾长期占据着货币地位,但是随着商品经济的发展,金银的数量越来越不能满足商品生产和交换的需要。于是,信用货币出现了,代替金属货币充当流通手段和支付手段。不足值的信用货币之所以能成为现代社会的货币存在形式,主要有以下原因：

① 货币执行流通手段职能时,只在买卖的瞬间起作用,人们只关心其购买力,并不关心货币本身有无价值,所以就为不足值的铸币以及货币符号(纸币)代替金银执行流通手段职能提供了可能。

② 货币执行支付手段职能时,以价值的单方面转移为特征。在

较发达的商品经济条件下,商品赊销、延期付款等信用方式产生并发展起来,而在货币执行支付手段的职能中直接产生了信用货币。

15. 如何理解"货币代表着一种社会生产关系"?

答:货币不仅是商品交换的中介,还反映了商品生产者之间的关系。在商品经济中,社会分工要求商品生产者必须互相交换其劳动产品,而这种交换又必须以货币为媒介来进行。因此,货币作为一般等价物反映了商品生产者之间的交换关系,体现着产品归不同所有者占有,并通过等价交换来实现他们之间的社会联系,即社会生产关系。

在不同的商品经济条件下,货币反映着不同的社会生产关系。在私有制商品经济条件下,货币成为剥削阶级剥削被剥削阶级的工具。尤其是在资本主义社会中,由于商品经济的充分发展,货币被广泛地用作剥削工人剩余劳动的工具。在阶级社会中,货币虽然是剥削工具,但货币本身是没有阶级性的,它为哪个阶级服务取决于该阶级社会的社会制度。

16. 试从金本位制的特点,说明货币制度从金币本位制到金块本位制及金汇兑本位制的演变,以及金本位制为不兑现的信用货币制度所取代的原因。

答:金本位制是指以黄金作为本位货币的货币制度,它包括三种主要形式,即金币本位制、金块本位制和金汇兑本位制。

金币本位制是典型的金本位制度。它是以黄金作为货币制度的基础,并实行金币流通的一种货币制度。它具有三个基本特点:第一,金币可以自由铸造和熔化。这样,金币数量可以自发地满足流通中的货币需求,并保证金币的名义价值与其实际价值相符。第二,金币与价值符号(辅币和银行券)同时流通,并可自由兑换。这既节约了大量黄金,又保证了价值符号的稳定,从而稳定了货币流通。第三,黄金可以自由输出、输入国境。黄金在国与国之间自由流动,并起着世界货币作用,促进了国际贸易的发展及外汇汇率的稳定。

金币本位制盛行于 1816—1914 年间,是历史上一种较为稳定的货币制度。在金币本位制下,币值相对稳定,促进了资本主义各国的商品生产和商品流通的发展,也促进了信用制度以及国际贸易、国际资本流动的发展。但由于经济发展,黄金的存量相对不足,而黄金在各国之间分配的不均更加剧了这个矛盾。20世纪初,一些国家因黄金短缺,开始限制黄金的自由兑换与输出,从而削弱了金币本位制的基础。第一次世界大战后,大多数国家开始实行金块本位制与金汇兑本位制。

金块本位制下,没有金币流通,但国家为纸币或银行券规定含金量,对黄金的兑换也作出了限制,规定居民持有的货币量达到一定限度后才可向银行兑换黄金。这样既节省了货币性的黄金用量,又减少了黄金外流,在一定程度上缓解了黄金短缺与商品经济发展的矛盾,但也使黄金的货币职能逐步缩小了范围。

金汇兑本位制下,没有金币流通,但规定货币单位的含金量,本国货币不能直接兑换金币或金块。本国将黄金与外汇存于另一实行金本位制的国家,允许以外汇间接兑换黄金。金汇兑本位制进一步节省了黄金的使用,扩大了各国的信用创造能力,使黄金的货币职能进一步减弱。

金块本位制与金汇兑本位制都取消了金币的流通,而代之以价值符号,这样就失去了货币自动调节流通需要量的作用,货币流通不如金币本位制时稳定。在经历了1929—1933年的世界性资本主义经济危机后,各种金本位制相继为信用货币制度所取代。

从以上可以看出,由金币本位制到金块本位制和金汇兑本位制的演变,以及它们最终为不兑现的信用货币制度所取代的过程,是一个货币制度与商品经济发展之间的矛盾不断产生以及解决的辩证过程。

17. 货币供应量是根据什么来划分层次的?为什么说货币供应量层次的划分具有重要的理论意义和现实意义?

答:大多数经济学家主张应当根据货币基本职能来给货币下定义,因此货币供应量应当包括所有执行货币主要职能的信用工具。但在现实生活中,难以精确辨别一种信用工具是否是严格意义上的货币,在货币与非货币之间并没有明显的界限。因此,目前大多数经济学家主张根据金融资产的流动性来定义、分类货币,确定货币供应量的不同范围。所谓金融资产的流动性是指一种金融资产能迅速转换成现金而对持有人不发生损失的能力,也就是变为现实的流通手段和支付手段的能力,也称变现力。流动性程度不同的金融资产对商品流通和其他经济活动的影响是不同的,因而也就具有不同程度的货币性。

根据金融资产的不同流动性,可以将货币划分为以下几个层次,即

$$M_1 = 通货 + 银行体系的活期存款,$$

这也就是狭义的货币供应量。然而,各种金融机构的储蓄存款和定期存款以及国库券、人寿保险公司保单等也可视为潜在的购买力,很容易转变为现金,因而具有不同程度的流动性,可以包含在广义的货币供应量中。根据流动性的不同,可以将广义货币供应量划分为以下几个层次,即

$$M_2 = M_1 + 商业银行的定期存款和储蓄存款;$$

$$M_3 = M_2 + 其他金融机构的定期存款和储蓄存款;$$

$$M_4 = M_3 + 其他短期流动资产(如国库券、人寿保单等)。$$

货币是引起经济变动的重要因素,随着经济的发展,货币与经济的联系日益密切,货币供求的变化对国民经济的各方面产生着重大影响。因此,调控货币供应量,使其适应经济发展的需要,已成为各国中央银行的主要任务。可见,划分货币供应量的层次具有重大的意义。

第一,它便于经济分析,通过对货币供应量指标的观察,可以分析国民经济的波动。

第二,通过考察不同层次的货币对经济的影响,可以从中选定与经济的变动关系最密切的货币资产,作为中央银行控制的重点,有利于中央银行调控货币供应,并及时观察货币政策的执行效果。

第二章 信用和利率

第一节 习 题

(一) 判断题

1. 出口信贷中的买方信贷是为了支持本国的进口商。(　　)

2. 商业本票一般涉及 3 个当事人：出票人、付款人和受票人。(　　)

3. 优先股具有偿还性,而普通股不具有。(　　)

4. 在进行决策时,重要的是名义利率和通货膨胀。(　　)

5. 由政府金融管理部门或中央银行确定的利率,称为行业公定利率。(　　)

6. 优惠利率的授予常常与国家的产业政策相联系。(　　)

7. 企业之间在买卖商品时,以货币形态提供的信用是商业信用。(　　)

8. 由于银行信用克服了商业信用的局限性,它将最终取代商业信用。(　　)

9. 消费信用既可以采取商品形态,又可以采取货币形态。(　　)

10. 我国银行信用资金运用的最基本形式是购买债券。(　　)

11. 在商业票据的当事人中,背书人同出票人一样对票据负完全债务责任。(　　)

12. 商业本票是指债权人通知债务人支付一定款项给第三人或持票人的无条件支付命令书。(　　　)

13. 支票实际上是一种即期汇票。(　　　)

14. 划线支票不能由持票人直接提取现金。(　　　)

15. 欧洲债券是指在欧洲的债券市场上以第三国的货币为面值所发行的债券。(　　　)

16. 利率的期限结构是指利率与金融资产期限之间的关系,是在一个时点上因期限差异而产生的不同的利率组合。(　　　)

17. 利息是借贷资本的价格。(　　　)

18. 银行信用的优点是能充分地满足个人对资金的需要。(　　　)

19. 利率是一定时期本金与利息之比。(　　　)

20. 一国的通货膨胀率是影响利率的一个重要因素。(　　　)

(二) 选择题

1. 借贷资本的供给包括:＿＿＿＿＿。

A. 折旧基金

B. 应付工资

C. 用于准备购买生产资料的流动资本

D. 用于积累的货币资本

E. 社会各阶层的部分货币收入

2. 高利贷赖以存在的经济基础是:＿＿＿＿＿。

A. 商品经济不发达　　　　　　B. 奴隶主、封建主的存在

C. 小生产　　　　　　　　　　D. 天灾人祸的意外打击

3. 记名支票是为了防止＿＿＿＿＿情况的发生;保付支票是为了防止＿＿＿＿＿情况的发生。

A. 支票遗失被人冒领　　　　　B. 支票过期

C. 存款户无存款退票拒付　　　D. 支票破损

4. 信用工具面临的风险包括:＿＿＿＿＿。

A. 信用风险　　　　　　　　　B. 市场风险

C. 经营风险　　　　　　　　　D. 财务风险

E. 法律风险　　　　　　　　　F. 汇率风险

5. 出现下列情况时，债券利率一般会如何变动：① 税收提高 _____；② 债券添加可提前赎回权_____；③ 债券变为可转换债券 _____。

A. 上升　　　　B. 下降　　　　C. 不变　　　　D. 不确定

6. 国际信用的主要形式有：_____。

A. 公债　　　　　　　　　　B. 卖方信贷

C. 政府信贷　　　　　　　　D. 买方信贷

7. 公债券与国库券的区别主要在于：_____。

A. 发行时面对的对象不同　　B. 标明面值的货币不同

C. 期限不同　　　　　　　　D. 发行机构不同

8. 金融工具一般具有的特征有：_____。

A. 偿还性　　　B. 收益性　　　C. 安全性　　　D. 风险性

E. 可转让性

9. 下列信用工具中，属于短期信用工具的有：_____。

A. 优先股　　　　　　　　　B. 商业汇票

C. 公债券　　　　　　　　　D. 保付支票

10. 商业票据具有的特征是：_____。

A. 作为到期收回商品价款的凭证

B. 票据有不可争议性

C. 票据上载有特定的内容

D. 债权人和债务人都是职能资本家

E. 票据具有流动性

11. 股票和债券的主要区别是：_____。

A. 收益率不同

B. 债券是一种债权凭证，股票是一种所有权凭证

C. 债券无红利，股票有红利

D. 债券到期还本付息，股票无偿还期

（三）名词解释

1. 基准利率

2. 利率市场化

3. 市场利率

4. 单利与复利

5. 信用工具

6. 承兑

7. 背书

8. 名义利率与实际利率

9. 流动性陷阱

10. 商业信用与银行信用

11. 租赁信用

12. 经营性租赁、融资性租赁、服务性租赁

13. 买方信贷和卖方信贷

14. 商业本票与商业汇票

15. 外国债券与欧洲债券

16. 利息与利率

17. 利率的期限结构与一般结构

18. 利率的风险结构

19. 费雪效应

(四) 问答题

1. 中央银行向社会公众出售债券以期减少货币供应,请运用可贷资金结构分析该行动对利率的影响。(画出正确的供求图形)

2. 为什么说银行信用与产业资本的变动是不一致的? 对此,你的看法是什么?

3. 请简述分期付款、信用卡和消费贷款的使用程序。

4. 请说明偏好理论与预期理论和市场分割理论的关系。

5. 试述借贷资本的特点。

6. 试分析信用在资本主义经济中的作用。

7. 信用在商品经济中有哪些职能?

8. 出现商业信用的原因是什么?

9. 试比较商业信用与银行信用的特点,并说明两者之间的相互

关系。

10. 马克思是如何分析揭示利息的本质的？

11. 现代经济中,利率的杠杆作用体现在哪些方面？

12. 预期理论是如何解释利率的期限结构的？ 如果 1 年期的证券利率为 3%,预期一年后 1 年期的证券利率为 7%,那么根据预期理论,2 年期的证券利率是多少？

13. 影响利率一般结构的因素有哪些？

14. 简要评述古典学派与凯恩斯学派的利率决定理论。

15. 试论述决定和影响利率水平的各种因素。

16. 试用 $IS\text{-}LM$ 模型解释下列情况是如何使收入和利率水平发生变动的:

(1) 政府税收减少;

(2) 公众的流动性偏好提高;

(3) 政府支出减少,同时货币供应量增加。

第二节　习题答案

(一) 判断题

1. ×　2. ×　3. ×　4. ×　5. ×　6. √　7. ×　8. ×
9. √　10. ×　11. √　12. ×　13. √　14. √　15. ×　16. √
17. ×　18. ×　19. ×　20. √

(二) 选择题

1. ABCD　2. AC　3. A;C　4. ABCDE　5. A;A;B
6. BCD　7. AC　8. ABCE　9. BD　10. ABCD　11. BD

(三) 名词解释

1. 基准利率:是指在整个金融市场上和利率体系中处于主导地位,并起决定性作用的利率。

2. 利率市场化:是指让利率随着资本市场中资金供求关系的变化而变化,其大小仅由供求关系决定,而非政府和中央银行规定。

3. 市场利率:是指随市场上货币资金的供求关系而变动的

利率。

4. 单利：是指存贷款在一定期限内，只按本金计算利息，所生利息不再加入本金重复计算利息。

复利：是指计算利息时，要按一定期限，将所生利息加入本金逐期滚算、重复计息。

5. 信用工具：是指用来证明债权债务关系的书面凭证，是各种信用关系的反映，并为其服务。

6. 承兑：是指汇票的付款人在汇票上签名，用以表示到期付款的意愿的行为。

7. 背书：是指持票人在票据背面签字，以表明其转让票据权利的意图，并依此转让票据。

8. 名义利率：是指包括补偿通货膨胀风险的利率。

实际利率：是指物价不变，从而货币购买力不变条件下的利率。

9. 流动性陷阱：在凯恩斯的流动偏好理论中，货币需求曲线随着利率的降低，其斜率的绝对值逐渐减少，最后变成一条与横轴平行的直线，此时的利率水平是 r_0，若继续增加货币供给，利率不会再下降。因为当利率降至 r_0 后，人们对货币的需求是无限大的，该曲线的直线部分所表示的就是"流动性陷阱"。

10. 商业信用：是指企业之间在买卖商品时，以延期付款形式或预付货款等形式提供的信用。

银行信用：是指银行以货币形式提供给工商企业的信用。

11. 租赁信用：是指租赁公司或其他出租者将其租赁物的使用权出租给承租人，并在租期内收取租金到期收回租赁物的一种信用形式。

12. 经营性租赁：是指出租人将自己经营的设备或用品出租的租赁形式，目的在于对设备的使用。出租人须负责维修、管理，期满后，租赁物由出租人收回，承租人无购买的权利。

融资性租赁：是指出租人按承租人的要求购买租赁物，然后再出租给承租人使用的一种租赁形式。出租人只负责提供资金，设备的安装、维修等由承租人负责。期满后，租赁物可以退回或续租，也可由承租人折价购买。

服务租赁：又称维修租赁，是指出租人负责租赁物的保养、维修、配件供应以及技术人员培训等项服务的租赁形式。

13. 买方信贷：是指出口信贷的一种形式，是出口方银行直接向进口商或进口方银行提供的信用，进口商获得该贷款后用来向出口商付清货款，然后按规定的还款期限偿还出口方银行的贷款本息。

卖方信贷：是指出口信贷的一种形式，由出口国银行向出口商提供贷款，出口商用来向进口商提供分期付款。

14. 商业本票：是指债务人向债权人发出的承诺在一定时期内支付一定数额款项的债务凭证。

商业汇票：是指债权人通知债务人支付一定款项给第三人或持票人的无条件支付命令书。

15. 外国债券：是指在另一国的债券市场上以该国货币为面值所发行的债券。

欧洲债券：是指在另一国的债券市场上以第三国的货币为面值所发行的债券。

16. 利息：是指利润的一部分，是剩余价值的转化形式，它表现为借贷资本商品的价格，是职能资本家让渡给借贷资本家的那一部分剩余价值。

利率：是指在一定时期内的利息量与带来这个利息量的资本量之间的比率。

17. 利率的期限结构：是指利率与金融资产期限之间的关系，是在一个时点上因期限差异而产生的不同的利率组合。

利率的一般结构：是指在一特定时点由普遍存在的各种经济因素所决定的不同的利率组合。

18. 利率的风险结构：是指相同期限的金融工具与不同利率水平之间的关系，反映了这种金融工具所承担的风险大小对其收益率的影响。一般而言，利率和风险成正比例关系，也即风险越大、利率越高。利率的风险结构主要受以下因素影响：税收及费用、违约风险和流动性风险。

19. 费雪效应：费雪效应是指通货膨胀率和利率在长期中同比例变化的关系。美国经济学家费雪(Fisher)在其《利息理论》一书中阐述了这一关系。这一关系假定，在长期中通货膨胀率等于预期通货膨胀率。在其他条件不变的情况下，如果一国的预期通货膨胀率上升，最终会导致该国货币存款利率的同比例上升；反之，如果一国的预期通货膨胀率下降，最终会导致该国货币存款利率的同比例下降。从国际资本流动来看，费雪效应体现了通货膨胀率、利率和汇率变化的关系：当其他条件不变时，若一国的预期通货膨胀率上升，在外汇市场上将导致该种货币的贬值；根据利率平价理论，这最终将导致该国货币存款利率的上升。

(四) 问答题

1. 中央银行向社会公众出售债券以期减少货币供应，请运用可贷资金结构分析该行动对利率的影响。(画出正确的供求图形)

答：根据可贷资金理论，利率取决于可贷资金的需求和供给的相互作用。如图 2-1 所示，从资金的需求方面看，可贷资金的需求主要有三个构成要素：一是要购买实物资产的投资者的实际资金需求；二是政府必须通过借款来集资弥补的实际赤字数额；三是有些家庭和企业为了增加他们的实际货币持有量而借款或减少贷款。从资金的供给方面看，可贷资金的供给也有三个构成要素：一是家庭、政府和企业的实际储蓄；二是实际资本流入，即外国人购买本国的债券

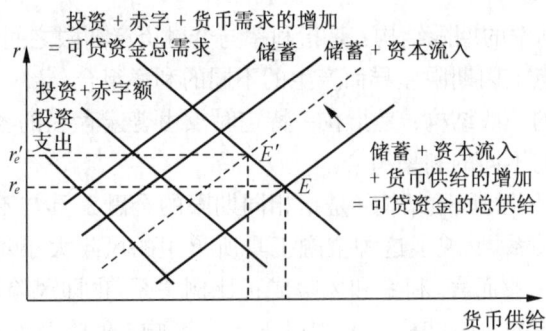

图 2-1

或提供贷款;三是实际货币供给量的增加。可贷资金的总供给与总需求决定了均衡点 E 及利率水平 r_e。当中央银行向社会公众出售债券,以减少货币供应量时,可贷资金供给曲线左移,新的均衡点变为 E' 点,此时均衡利率 $r'_e > r_e$,货币供应量的减少使利率上升。

2. 为什么说银行信用与产业资本的变动是不一致的? 对此,你的看法是什么?

答:银行信用是一种间接信用,不同于商业信用的是,银行信用贷出的资本是独立于产业资本循环的货币资本。其来源除了工业企业外,还有社会其他方面,因此银行信用的动态同产业资本的动态保持着一定的独立性。例如在经济危机时,商业信用会随着产业资本的缩小而萎缩,但企业为了防止破产及清偿债务,势必需要银行信用,导致对银行信用的需求激增,由于危机时期银行存款可能会大量减少,就更造成银行信用供求的不均衡,导致利息率大幅升高。所以说,银行信用与产业资本的变动是不一致的。

3. 请简述分期付款、信用卡和消费贷款的使用程序。

答:分期付款、信用卡业务、消费贷款都是消费信用,它们是由商业企业、商业银行以及其他信用机构以商品形式向消费个人提供的信用。分期付款和信用卡业务是直接采用商品的形态,消费贷款则是采取货币的形态。

(1) 分期付款使用程序:① 消费者购买商业企业的商品,并与其订立分期付款合同;② 在一定时期内消费者根据合同规定分期偿付货款。

(2) 信用卡使用程序:① 由信用卡公司或银行对信用合格的消费者发行信用卡;② 持有该卡的消费者可以到有关的商业服务部门购买商品;③ 由银行定期同消费者和商店进行结算。

(3) 消费贷款使用程序:① 银行以货币形式向消费者提供信用;② 消费者用所贷款项去购买自己所需的商品;③ 消费者到期偿还贷款。

4. 请说明偏好理论与预期理论和市场分割理论的关系。

答:预期理论、市场分割理论和偏好理论是利率期限结构理论中的重要理论。

预期理论认为,任何证券的利率都同短期证券的预期利率有关。认为长期利率与短期利率形成这样一种关系:如果预期未来短期利率上升,则长期利率会高于现时的短期利率;如果预期未来短期利率下降,则长期利率就会低于现时的短期利率。相应地,就表现出不同形状的期限结构曲线。

而市场分割理论则认为,不同期限的利率水平是由各自的供求情况决定的,彼此之间互不影响。因为不同期限证券的市场是互相分割开来的,不同期限的证券难以相互替代。有些投资者偏好短期证券,有些偏好长期证券,从而使得长短期资金市场各有其独立性,各个资金市场决定各自的利率水平。

偏好理论则是预期理论和市场分割理论的折中。它接受了前者关于未来收益的预期对收益曲线有影响的论点,但同时也认为不同期限的证券收益和相对风险程度也是影响收益曲线形状的一个很重要的因素。它认为,市场可能更偏好某些期限的证券,但是不同期限和不同性质的信贷在一定程度上提供了相互替代的可能性。一般而言,长期利率受短期利率的影响,并且前者应高于后者,作为风险的补偿。

5. 试述借贷资本的特点。

答:借贷资本是货币资本家为了获取利息,而贷给职能资本家使用的货币资本。

借贷资本的产生与资本主义生产过程有着密不可分的关系。与产业资本、商业资本相比,它有自身的特点:

(1) 借贷资本是一种所有权资本。货币资本家在整个借贷过程中,始终拥有对借贷资本的所有权,并凭此取得利息收入。职能资本家获得借贷资本的使用权,并使其价值得到增值,期满后连本带息一同偿付给货币资本家。

(2) 借贷资本是一种特殊的商品资本。同普通商品不同,在生产过程中借贷资本的使用价值虽然被消费,但其价值并未消失,其价值不仅能保存下来,而且还会获得增值,产生利息。

(3) 借贷资本具有特殊的运动形式。产业资本的运动形式为货币—商品…生产…商品—货币。商业资本的运动形式为货币—商品—货币的循环。借贷资本的运动形式为货币—货币,始终采取货币形态,只是循环终点的货币比起点的货币量要大,它包含了一部分利息。

(4) 借贷资本有特殊的转让形式。它的转让不是通过买卖,而是通过借贷来实现的。当货币资本家把借贷资本贷给职能资本家时,没有获得任何等价物,当职能资本家偿还借贷资本和利息时,也没有得到相应的等价物。因此,借贷资本的运动是一种价值的单方面转移。

(5) 借贷资本具有特殊的价格形式。利息是借贷资本的"价格",这种价格与普通商品的价格是完全不同的概念,普通商品的价格是商品价值的货币表现,而利息则是借贷资本商品的使用报酬。

(6) 借贷资本体现了资本主义的腐朽性。货币资本家并不参加生产经营,仅凭对借贷资本的所有权就取得了资本的增值,这深刻体现了资本主义的寄生性。

6. 试分析信用在资本主义经济中的作用。

答:资本主义经济中,信用具有双重作用。

(1) 信用促进了资本主义经济的迅速发展,主要表现在:

① 信用促进了资本的再分配和利润率的平均化。信用的出现,使资本的流动突破了形态和数量的限制,促进了各部门之间的协调发展,从而使资本主义经济能够较迅速地发展。

② 信用节省了流通费用,加速了资本的周转。各种信用流通工具的出现节约了现金的流通,以及与现金流通有关的各项费用。信用的发展也促进了商品生产、销售的周转,从而提高了全社会的资本利用效率。

③ 信用加速了资本的集中和积累。资本主义银行能够集中分散的小额资本,成为巨额的货币资本,再通过信用投入到生产中去,从而克服了资本家个人力量积累资本需要较长时间的限制,加速了资本的积累。

(2) 资本主义信用一方面促进了资本主义生产的发展;另一方

面也加剧了资本主义的基本矛盾,为资本主义过渡到社会主义准备了物质条件。

①信用使社会财富越来越多地为少数资本家所掌握,使得生产社会性与资本主义私有制之间的矛盾更加尖锐。

②信用由于其盲目性而加剧了资本主义各生产部门之间的不平衡。资本家总是通过信用把资本投入到高额利润的生产部门中去,从而造成这些部门的过度膨胀和其他部门的萎缩,导致了各部门间不平衡的进一步加剧。

③信用可以造成虚假的繁荣。信用使买方不用立即付款,因此当生产过剩时,仍会出现对商品的需求,使本来已经过剩的生产继续盲目发展,从而可能导致经济危机的爆发。

7. 信用在商品经济中有哪些职能?

答:在现代商品经济中,信用具有以下几种职能。

(1)调节职能。从客观的角度看,信用具有调节国民经济的职能。信用调节国民经济运行有两种形式:一种是自发的;另一种是自觉的。信用的自发调节功能表现在:经济繁荣时,资金需求上升,使市场利率上扬,从而自动抑制信用规模,抑制过热的投资和需求;经济萧条时,资金需求减少,使市场利率下降,从而扩张信用规模,促进经济复苏。另一方面,人们可以利用信用,自觉地调节国民经济,这种调节既表现在总量上,又表现在结构上。通过信贷规模的变动,可以调节货币供给量,使货币供给量与货币需求量一致,保证社会总供求的平衡;通过利率变动和信贷投向的调整,可以调节需求结构,以实现产品结构、产业结构和经济结构的调整。

(2)流通职能。信用在商品经济中发挥着提供和创造流通工具的职能。一方面,通过创造信用流通工具,节约了现金的流通,促进了货币形式的发展,并方便了商品流通;另一方面,通过转账结算,节省了大量流通费用。现代的信用流通工具包括商业期票、汇票,银行本票、汇票等,这些工具的出现满足了商品生产和流通的需要,大大促进了经济发展。

(3)分配职能。信用是一种单方面的价值转移,是在不改变所有权的条件下实现的。信用通过改变对资源的实际占有权和使用权,可以改变资源的分配布局,以实现资源的重新组合,达到合理运用的目的。信用在调剂资金余缺、分配社会闲置资源的过程中,大大促进了社会生产的发展和消费质量的提高。一方面,信用促进了资本的集中和积累,有利于生产的发展,提高了生产的效率;另一方面,信用是以资金有偿使用为特征的,资金以信用的形式流动,就会从效益低的部门流向效益高的部门,从而提高整个社会的投资效率和生产力。此外,消费信用的出现,还在一定程度上解决了收入与消费在时间上不一致的问题,从而有助于提高消费的总效用,并发挥消费指导生产的作用。

8. 出现商业信用的原因是什么?

答:商业信用是企业之间在买卖商品时,以延期付款形式或预付货款等形式提供的信用。出现商业信用的原因有:

(1) 各工业企业间相互依赖,但它们的生产时间和流通时间往往不一致,从而造成生产产品的企业商品卖不出去,而需要该产品的企业无力购买。为解决这个矛盾,出现了延期付款形式的商业信用,这使整个社会的再生产得以顺利进行。

(2) 工业企业与商业企业之间也存在着紧密的联系。由于商业企业很难拥有巨额的货币资本购买工业企业的全部产品,工业企业有必要向商业企业提供信用以维持商品生产和流通的持续进行。反之,当工业企业无现款而急需资金进行生产时,商业企业也可以用预付货款形式解决工业企业的资金需求。此外,在商业企业之间,由于各企业资金的供给与需求不一致,也存在着对延期付款与预付货款等信用形式的需求。

由以上可以看出,商业信用是直接同商品生产和流通相联系的,是适应产业资本循环和商业资本循环的需要而产生的。

9. 试比较商业信用与银行信用的特点,并说明两者之间的相互关系。

答:(1) 商业信用的主要特点有:

① 商业信用所提供的资本是商品资本,仍处于产业资本循环过

程中,是产业资本的一部分。

② 商业信用体现的是工商企业之间的信用关系。

③ 商业信用与产业资本的变动是一致的。

(2) 商业信用也有一定的局限性,它的局限性主要表现在:

① 商业信用的规模受工商企业所拥有的资本量的限制。

② 商业信用具有严格的方向性。商业信用只能由生产商品的企业向需要该商品的企业提供。

③ 商业信用具有对象上的局限性。工商企业一般只会和与自己有经济业务联系的企业发生商业信用关系。

(3) 银行信用的特点有:

① 从资本类型上看,银行信用中贷出的资本是从产业资本循环中独立出来的货币资本,因此银行信用能够超越商业资本只限于产业内部的界限;此外,银行信用是以货币形式提供的,能够克服商业信用在方向上的局限性。

② 银行信用是一种间接信用,它以银行及其他金融机构为中介,以货币形式向社会提供信用。

③ 银行信用与产业资本的变动不一致。银行信用克服了商业信用的某些缺点,成为当代经济中信用的主要形式,但它还不能完全取代商业信用。

(4) 商业信用与银行信用的关系表现在:

① 商业信用先于银行信用而存在,是银行信用产生和发展的基础。例如,一些银行信用业务就是在商业信用的基础上产生的。

② 商业信用与银行信用互相补充,共同促进经济发展。商业信用与商品生产和流通有密切关系,能直接为产业资本循环服务,因而在一定范围内发挥重要作用。在商业信用无能为力的地方,银行信用能够发挥自身优势,促进商品生产和流通,从而促进整个经济发展。

10. 马克思是如何分析揭示利息的本质的?

答:马克思指出,利息并非产生于货币的自行增值,而是产生于货币作为资本的使用。资本所有权与使用权的分离使借贷资本成为资本商品是利息产生的经济基础。职能资本家从货币资本家手中借入货币,占有了它的使用权,将其投入生产,并使其价值得到了增值,即得到了利润。利润分为两部分,一部分是企业主收入,是资本使用权的报酬;另一部分是利息,是资本所有权的报酬。以上马克思关于利息本质的看法可以概括为:

① 利息以货币转化为货币资本为前提。

② 利息是剩余价值的转化形式。

③ 利息是职能资本家让渡给借贷资本家的那一部分剩余价值,体现的是资本家全体共同剥削雇佣工人的关系。

11. 现代经济中,利率的杠杆作用体现在哪些方面?

答:在现代经济中,利率的杠杆作用体现在宏观与微观两个层次。

(1) 从宏观角度来看,利率的经济杠杆功能主要表现在以下几个方面:

① 积累资金。利息是使用资金的报酬,通过调整利率,可以吸引社会上的闲散资金投入生产,以满足经济发展的需求。

② 调整信贷规模。当银行体系的贷款利率、贴现利率上升时,有利于缩小信贷规模;反之,当贷款利率、贴现利率下降时,有利于扩大信贷规模。

③ 调节国民经济结构。通过利率的高低差别与升降,可以直接影响资金的流向,从而有目的地进行产业结构的调整,使国民经济结构更加合理。

④ 合理分配资源。利息作为使用资金的成本,可以通过成本效应使资源在经济各部门间得到合理配置。一定的利率水平,总是促使资源向使用效率高的部门流动,从而改善了资源配置。

⑤ 抑制通货膨胀。通过提高贷款利率,可以收缩信贷规模,减少货币供应量,使社会需求趋于稳定,从而有助于抑制通货膨胀。

⑥ 平衡国际收支。当国际收支发生严重逆差时,可以调高本国的利率水平,从而减少资金外流,吸引资金内流,使国际收支趋于平衡。

(2) 从微观的角度看,利率的杠杆功能主要表现在:

① 提高企业资金使用效率。利息是企业使用资金的成本,是利

润的抵减因素,为了自身利益,企业必须加强经营管理,提高资金使用效率,以减少利息的支出。

② 影响家庭和个人的金融资产投资。各种金融资产的收益与利率密切相关,通过调整利率,可以影响人们选择不同的金融资产。

③ 作为租金的计算基础。现实生活中,租金的度量受到各种因素的影响,但通常是参照利率来确定的。

12. 预期理论是如何解释利率的期限结构的? 如果 1 年期的证券利率为 3%,预期一年后 1 年期的证券利率为 7%,那么根据预期理论,2 年期的证券利率是多少?

答:所谓利率的期限结构是指利率与金融资产期限之间的关系,是在一个时点上因期限差异而产生的不同的利率组合。

预期理论认为,任何证券的利率都同短期证券的预期利率有关,对未来利率的预期是决定现有利率结构的主要因素。如果人们预期利率将上升,那么长期利率将高于短期利率。因为一方面证券需求者因预期以后可获得更高的利率,从而不愿购买长期证券,而只愿购买短期证券,这样,对证券的需求就从长期市场转向短期市场;另一方面,证券供给者预期以后将支付更高的利率,从而急于将长期证券售出,这样,证券的供给则从短期市场转向长期市场。结果,短期证券市场上需求增加,供给减少,于是价格上升,利率下降;而长期证券市场上供给增加,需求减少,其价格下跌,利率上升。这样,短期利率便低于长期利率。反之,若人们预期未来利率下降,则短期利率会高于长期利率。

基于以上的分析,预期理论认为,长期利率是预期未来短期利率的函数,它等于当前短期利率与预期的未来短期利率的几何平均数。

为便于分析,假设证券购买者持有的本金为 100 元。如果他选择先购买 1 年期的证券,一年后收回本息再投资于 1 年期证券的方式,那么根据题意,在 1 年期证券利率为 3%,预期一年后发行的 1 年期证券利率为 7% 的情况下,第二年年末购买者将得到本息合计为

$$100 \times (1 + 3\%) \times (1 + 7\%) = 110.21 \text{ 元}.$$

那么,2 年期的证券利率将为

$$\sqrt{(1+3\%)\times(1+7\%)}-1=5\%。$$

这样,人们直接购买 2 年期证券的收益才会等于分期购买时的收益。

13. 影响利率一般结构的因素有哪些?

答:利率的一般结构是指,在一特定时点由普遍存在的各种经济因素所决定的不同的利率组合。影响利率一般结构的主要因素有:

① 税收上的差别。部分证券,如国库券往往享受免税的待遇,因此它的利率往往低于同等条件下其他证券的利率。

② 违约风险的差别。各种证券违约风险大小不同,这就需要由利率的高低对此作出相应的补偿。例如,公司债券的利率一般会高于同等条件的政府债券,因为后者几乎不存在违约风险。

③ 证券自身特点的差别。有的债券偿还期可变,有利于借款人,于是利率会相应升高以对投资者进行补偿。可转换债券可以转换为股票,对投资者而言是提供了灵活选择的权利,因此该证券的利率可以相应降低。

④ 贷款管理费用的差别。不同的贷款,其管理费用也是不同的,反映到利率上也必然有所差别。

14. 简要评述古典学派与凯恩斯学派的利率决定理论。

答:古典学派的利率决定理论是储蓄投资理论。在充分就业的所得水平下,储蓄和投资的数量仅为利率的函数。其中,投资是利率的负函数,$I=I(r)$ 且 $\dfrac{\mathrm{d}I}{\mathrm{d}r}<0$;储蓄是利率的正函数,$S=S(r)$ 且 $\dfrac{\mathrm{d}S}{\mathrm{d}r}>0$。投资函数与储蓄函数共同决定了一个均衡的利率水平。$S>I$ 时,利率下降;$S<I$ 时,利率上升;只有储蓄者愿意提供的资金与投资者愿意借入的资金相等时,利率才达到均衡水平。

古典学派的利率决定理论是以萨伊法则为基础的,认为一个自由竞争的经济会使整个经济体系自动达到充分就业的均衡状态,所得与利率水平完全由技术水平、资本、资源等真实因素决定,而不受任何货币因素的影响。因此,储蓄投资理论也被称为"真实的利率理论"。在现实的经济生活中,利率的高低显然与货币的供求有密切的联系,因此古典学派忽视货币因素在利率决定过程中的作用,是有失偏颇的。

凯恩斯学派的流动性偏好理论在利率决定问题上与储蓄投资理论的观点相反。流动性偏好理论认为,货币的供给与需求是决定利率的因素。货币供给是一个外生变量,由中央银行控制;货币需求则取决于人们的流动性偏好。流动性偏好的动机包括:

① 交易动机,人们持有货币以备日常交易之需,它与收入成正比;

② 谨慎动机,人们为应付紧急需要而保有一部分货币,它与收入也成正比;

③ 投机动机,人们持有货币以备将来投机获利,它是利率的减函数。

前两种动机均与收入成正比,合起来可用 $L_1(y)$ 表示,则 $\dfrac{\mathrm{d}L_1}{\mathrm{d}r}>0$;投机动机可用 $L_2(r)$ 表示,则 $\dfrac{\mathrm{d}L_2}{\mathrm{d}r}<0$。设货币需求为 M_d,则有 $M_d=L_1(y)+L_2(r)$。由货币供给等于货币需求,可以决定均衡的利率水平,即由 $M_s=L_1(y)+L_2(r)$ 来决定 r 的水平。

凯恩斯学派的利率理论从货币的供求来考察利率的决定,纠正了古典学派完全忽视货币因素的偏颇,然而同时它又走到另一个极端,将储蓄、投资等实质因素完全不予考虑,显然也是不合适的。

15. 试论述决定和影响利率水平的各种因素。

答:(1) 决定利率水平的因素主要有:

① 平均利润率。利息来源于利润,是利润的一部分,因此,利息的上限不能超过平均利润率;另一方面,利率又不能为零或负数,否则资金供给者就会因无利可图而停止供应资金。一般来说,利率在零与平均利润率之间波动。

② 货币资金的供求。竞争对利率的确定起决定作用。如果市场上资金供大于求,则利率趋于下降;如果市场上资金供小于求,则利率趋于上升。利率会在供求关系的作用下发生变动,直到处于一

个能使供求相等的均衡水平。

(2) 影响利率水平的因素有:

① 通货膨胀率。实际利率水平等于名义利率减去通货膨胀率。一般来说,通货膨胀率上升时,人们为了维持实际收益不变,就需要名义利率相应上升以作出补偿。

② 货币政策。中央银行通过货币政策可以影响经济。各种货币政策工具都会在一定程度上影响市场上资金供求的总量与结构,从而对利率水平发生影响。

③ 历史的因素与国际的因素。从历史上看,大多数国家存在一个早就有的、经过频繁变动流传下来的一般利息率,它对现实利息率的形成有一定的影响;由于世界经济一体化,一国的利息率的变动总会通过国际资本流动而对他国的利率产生一定的影响。

16. 试用 $IS\text{-}LM$ 模型解释下列情况是如何使收入和利率水平发生变动的:

(1) 政府税收减少;

(2) 公众的流动性偏好提高;

(3) 政府支出减少,同时货币供应量增加。

答:$IS\text{-}LM$ 模型是新古典学派的利率和收入决定模型。该理论认为,利率是一种特殊的价格,必须从整个经济体系来研究它的决定,因此需要将非货币因素和货币因素结合起来,运用一般均衡的方法来探索利率的决定。有关利率决定的数学方程式为:

① 投资函数,$I = I(r)$,$\dfrac{\mathrm{d}I}{\mathrm{d}r} < 0$;

② 储蓄函数,$S = S(r)$,$\dfrac{\mathrm{d}S}{\mathrm{d}r} > 0$;

③ 货币需求函数,$L = L(y, r)$,$\dfrac{\mathrm{d}L}{\mathrm{d}y} > 0$,$\dfrac{\mathrm{d}L}{\mathrm{d}r} < 0$;

④ 货币供应量,$M = \overline{M}$。

均衡条件为 $I = S$ 和 $L = M$,将以上各式分别代入得:$I(r) = S(y)$ 和 $L(y, r) = \overline{M}$。在商品市场上,投资与利率负相关,储蓄与收入正相关,根据投资与储蓄的恒等关系,可以得到一条向下倾斜的

IS 曲线,线上任何一点代表商品市场上投资与储蓄相等条件下的局部均衡利率和收入水平。在货币市场上,货币需求与利率负相关、与收入正相关,而货币供应量一定。根据货币需求与货币供应的相等关系,可以得到一条向上倾斜的 LM 曲线,曲线上任一点意味着货币市场上货币供求相等情况下的局部均衡利率和收入水平。IS 曲线与 LM 曲线相交,就可以得到货币市场与实物市场同时均衡时的一般均衡利率和收入水平。

(1) 政府税收减少,使公众的实际收入增加,支出也因此而增加,结果 IS 曲线向右上方移动至 IS',这使利率由 r_0 上升至 r',同时国民收入水平由 Y_0 上升至 Y'。如图 2-2 所示。

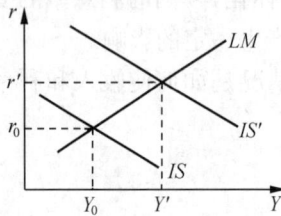 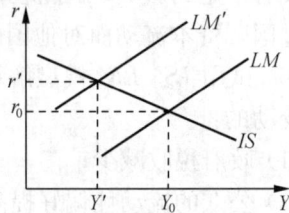

图 2-2   图 2-3

(2) 当公众的流动性偏好提高时,货币市场上会出现供不应求的情况,LM 曲线向左上方移动到 LM',这使利率上升至 r',利率上升会使投资减少,从而使国民收入水平 Y_0 下降至 Y'。如图 2-3 所示。

(3) 当政府支出减少时,IS 曲线向左下方移动至 IS';当货币供应量增加时,LM 曲线向右下方移动至 LM',这使利率下降至 r',但收入水平是提高还是降低须视 IS 曲线与 LM 曲线各自移动的幅度而定。如图 2-4 所示。

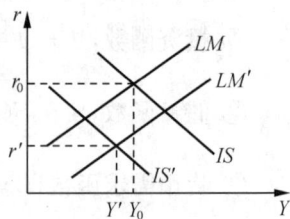

图 2-4

第三章 金融市场

第一节 习 题

(一) 判断题

1. 偿债基金的设立主要是为了保护债券发行公司。(　　)

2. 优先股的特点之一是在影响企业决策的发言权上比普通股优先。(　　)

3. 当票面利率高于市场利率时,应该折价发行债券。(　　)

4. 资产组合能同时分散系统化和非系统化风险。(　　)

5. 直接融通与间接融通这两种资金的融通方式在不同的时期具有不同的作用。随着商品经济的日益发展,以金融机构为中介的间接融通将占主导地位,而直接融通的作用将越来越小。(　　)

6. 资金融通方式是指资金的借贷及各种信用工具的买卖方式。(　　)

7. 直接融通是资金供求双方直接见面协议,进行票据和证券的买卖或货币借贷。(　　)

8. 间接融通是以金融机构为中介进行的资金融通。(　　)

9. 扩大直接融通,可以弥补银行贷款的不足,因此其规模越大越好。(　　)

10. 资金融通管理的目的是保证通货基本稳定,促进国民经济持续、稳定、协调地发展。(　　)

11. 资本市场中交易的全部是债权证券,而货币市场中权益证券与债权证券的交易都有。(　　　)

12. 在资本市场上,最大的资金供给者是个人,而最大的资金需求者是企业。(　　　)

13. 政府拥有财政作后盾,因此在金融市场上是主要的资金供应者。(　　　)

14. 联邦基金的交易创造出了新的准备金,因而能够提高银行体系的存贷能力。(　　　)

15. 公司债券的收益取决于债券的风险,债券的风险越大则收益越多。(　　　)

16. 回购协议的利率与作为协议抵押的证券的利率无关。(　　　)

17. 优先股股东享有经营管理权、股票转让权、红利分配权、优先认股权。(　　　)

18. 一级市场是现有证券的交易市场,二级证券市场是新证券的发行市场。(　　　)

19. 有价证券市场与预期收益成正比,与市场利率成反比。(　　　)

(二) 选择题

1. 公司债券的发行价格通常有三种,分别为:_____。

A. 限价　　　　B. 平价　　　　C. 溢价　　　　D. 折价

2. 在我国,按投资主体的不同,可将股票分为:_____。

A. 国家股　　　B. 法人股　　　C. 集体股　　　D. 个人股

3. 影响资产需求的因素主要有:_____。

A. 财富　　　　B. 预期收益　　C. 风险　　　　D. 流动性

4. 人们在选择资产时主要考虑的两个因素是:_____。

A. 税收　　　　B. 收益　　　　C. 价格　　　　D. 风险

5. 能够在到期日前任何一天交割的期权是:_____。

A. 可赎回期权　　　　　　　　　B. 卖权期权

C. 美式期权　　　　　　　　　　D. 跨期期权

6. 资金融通按有无金融机构作中介可分为:_____。

A. 直接融通方式   B. 间接融通方式

C. 供求双方直接协议   D. 借贷双方不见面

7. 间接融资对国民经济的影响有：_____。

A. 便于投资与筹资   B. 引导消费向生产转化

C. 提高资金使用效益   D. 促使企业强化管理

E. 利于国民经济协调发展 F. 引导资金合理配置

8. 短期融通工具主要包括：_____。

A. 商业票据 B. 大额 CD C. 国库券   D. 银行票据

9. 长期融通工具主要有：_____。

A. 公司债券 B. 政府债券 C. 股票   D. 银行票据

10. 金融市场一般包括：_____。

A. 短期资金市场   B. 长期资金市场

C. 证券市场   D. 外汇市场

E. 超级市场   F. 黄金市场

11. 国库券的利率很低,其原因主要有：_____。

A. 国库券由国家发行,基本上没有信用风险

B. 发行方式独特,先按面值折扣发行,到期面值兑现

C. 利息收入只需缴纳联邦所得税,而不需缴纳州和地方所得税

D. 流动性强,容易在金融市场上转让

12. 股份公司发行股票的目的主要有：_____。

A. 筹集建设资金,作为公司的资本基础

B. 通过增资来充实自身的资本或改善财务状况

C. 通过增加股东人数,形成稳定的股东群体,使企业更加稳定

D. 收购其他公司

13. 下列债券中,属于公司债券的有：_____。

A. 可兑换债券   B. 有限责任债券

C. 贴现债券   D. 收益债券

14. 普通股股东享有的权利包括：_____。

A. 企业日常经营管理权 B. 股票转让权

C. 红利分配权   D. 任命总经理权

15. 决定债券收益率的主要因素是：_____。

A. 期限   B. 利息率

C. 发行者的经济效益   D. 市场价格

E. 流动性程度

16. 金融机构之间发生的短期临时性借贷活动叫_____。

A. 贷款业务   B. 票据业务

C. 同业拆借   D. 再贴现业务

17. 股票是代表股份资本所有权的证券,它是一种_____。

A. 固定资本   B. 可变资本   C. 实际资本   D. 虚拟资本

18. 金融市场上交易的对象是：_____。

A. 有形商品   B. 无形商品   C. 金融商品   D. 实物商品

19. 银行发行的金融债券是：_____。

A. 直接融资   B. 间接融资   C. 多边融资   D. 混合融资

(三) 名词解释

1. 短期信贷市场

2. 短期证券市场

3. 商业票据

4. 证券发行

5. 证券上市

6. 债券

7. 股票

8. 公募发行

9. Call Provisions

10. Sinking Fund

11. 包销

12. 价格优先和时间优先

13. OTC

14. LIBOR、HIBOR 和 SHIBOR

15. 远期合约(forwards)

16. 多头(long position)

17. 空头(short position)

18. 期货合约(futures)

19. 开仓(opening a position)

20. 保证金制度

21. 每日结算制度

22. 套期保值

23. 利率期货

24. 外汇期货

25. 股票价格指数

26. 股指期货

27. 期权合约

28. 看涨期权

29. 看跌期权

30. 互换(swap)

31. 利率互换

32. 资金盈余单位与赤字单位

33. 资金的直接融通与间接融通

34. 货币市场与资本市场

35. 同业拆借

36. 回购协议

37. CDs

38. 零息债券

39. 一级市场与二级市场

40. 资产证券化

41. CDO

42. CDS

43. 风险

44. 流动性

45. 分散原理

46. 有效组合(efficient set)

47. 有效边界（efficient frontier）

48. 资本资产定价模型(CAPM)

49. 分离定理

50. 资本市场线(the capital market line)

51. 证券市场线(the security market line)

52. 套利定价理论(the arbitrage pricing theory)

(四) 问答题

1. 简述现代金融市场的主要特征。

2. 简述金融市场主体。

3. 金融市场在经济发展中有哪些重要作用？

4. 简述货币市场的主要功能。

5. 简述同业拆借市场的主要交易。

6. 简述证券流通市场的功能。

7. 简述证券上市的条件。

8. 试述主板市场与创业板市场的主要区别。

9. 采用普通股方式筹资各有哪些优缺点？

10. 请简要说明股票交易的过程,并解释几种委托买卖方式有何异同。

11. 请比较远期和期货有哪些区别？

12. 请简述什么是股指期货的套期保值？

13. 请在 $N = 2$ 的情况下分析证券组合风险分散的过程。

14. 请阐述 APT 理论,并说明在何种情况下其与资本资产定价模型相同。

15. 为什么说资金的直接融通和间接融通是相辅相成、相互促进的？

16. 资金融通的作用是什么？

17. 试分析金融市场形成的基本条件。

18. 什么是联邦基金？它的交易过程是怎样的？它有哪些作用？

19. 简述国库券在资金融通中的作用。

20. 试分析影响股票行市的因素。

21. 请基于衍生工具的视角对发端于次贷危机的国际金融危机的成因作一简单分析。

(五) 计算题

1. 现有 3 年期国债两种,分别按半年和一年付息方式发行,其面值为 1 000 元,票面利率为 6%,市场利率为 8%,试分别计算其理论发行价格。

2. 投资者 A 与某券商分别为看涨权的买方与卖方,他们就 M 公司股票达成交易:期权的有效期限为 3 个月,协议价格为 20 元一股,合约规定股票数量 10 000 股,期权价格为 3 元一股,在未来的 3 个月,投资者可能有几种选择,并分别计算出其盈亏。(提示:本题不考虑交易费用及期权价格的变动。)

3. 现有评级为 Aa 级的公司甲,凭其自身可从市场上以固定利率 8.6% 或浮动利率 HIBOR+0.1% 获得借款,另有 Baa 级公司乙,可以 9.6% 的固定利率或浮动利率 HIBOR+0.3% 从市场上获得借款(浮动利率均为每半年调整一次)。请为这两家公司设计一次利率互换,使互换获得的收益在两家公司之间均分。

4. 假设某项资产的 β 值为 0.5,此时短期国库券利率为 3%,当市场预期收益为 9.8% 时,试用 CAPM 模型估计该项资产的预期收益。

5. 某投机商以一份预定利率为 r_1 的利率上限期权换回一份预定利率为 r_2 的利率下限期权($r_1 > r_2$),请作出该投机商的期权损益略图。

6. 一种 3 个月期的美国国库券面值为 1 000 美元,发行时的售价为 970 美元,试计算其利率(指年利率)。

第二节 习 题 答 案

(一) 判断题

1. × 2. × 3. × 4. × 5. × 6. √ 7. √ 8. √
9. × 10. √ 11. × 12. √ 13. × 14. × 15. √ 16. √
17. × 18. × 19. √

(二) 选择题

1. BCD　2. ABD　3. ABCD　4. BD　5. C　6. AB
7. ABCDEF　8. ABC　9. ABC　10. ABDF　11. ACD
12. ABCD　13. AC　14. BC　15. ABC　16. C　17. C　18. C
19. A

(三) 名词解释

1. 短期信贷市场：是指期限在 1 年或 1 年以内的短期信贷工具交易的市场。

2. 短期证券市场：是指买卖短期金融证券(期限在 1 年或 1 年以内)，融通短期资金的金融市场。

3. 商业票据：是指以商业信用进行交易时，所开出的一种证明债权债务关系的书面凭证。

4. 证券发行：是指将新发行的公债、公司债券、股票等有价证券由发行者转移到投资者手里。

5. 证券上市：是指证券发行公司符合证券上市有关条件与规定，经有关部门审核，并由证券交易所批准，让证券在交易所公开挂牌交易。

6. 债券：债券是指一种资金借贷的凭证，它是保证向债券持有人在期日偿付债券面值和在到期日前定期支付利息的债务合同。内容包括了债券的面值、票面利率、期限、发行人、利息支付方式等。

7. 股票：股票是指由股份公司发行的股权凭证，代表持有者对公司资产和收益的剩余索取权。股票没有偿还期，股东对公司的重大经营决策有投票权、可以分配股息、可以自由转让。股票又可以分为普通股和优先股。

8. 公募发行：是指证券发行者公开向市场上大量的非特定的投资者发行证券，由后者认购。

9. Call Provisions：即"买回条款"，是指公司有权在到期以前把全部债券买回。该条款对公司是有利的。

10. Sinking Fund：即"偿债基金"，是指有的公司债券在契约中要求发行公司建立一种基金，用以在债券到期以前赎回一部分本金连同支付相应的利息。该基金有利于投资者，是一种对付清债款的保护。

11. 包销：是指根据承销协议协定的价格，债券经营机构一次性购进发行公司公开募集的全部股份，然后以较高的价格出售给社会上的认购者。

12. 价格优先：是指在债券交易所内的交易中，当同时有几份买单时，开价最高的买单先成交。

时间优先：是指对于同等价格条件的交易要求，时间上在前的先成交。

13. OTC：即"场外交易市场"，是指一种金融二级市场，它无固定场所，而是由许多股票、债券的交易商和经纪人组成的交易网络，交易商们通过计算机、电话或传真等通信手段与他们联系，并愿意接受他们报价的任何人买卖证券。

14. LIBOR、HIBOR 和 SHIBOR：LIBOR，即伦敦银行间同业拆借利率(London Interbank Offered Rate)。是指欧洲货币市场上，银行与银行之间的 1 年期以下的短期资金借贷利率。所谓同业拆借利率，是指银行同业之间的短期资金借贷利率。现在，LIBOR 已经作为国际金融市场中大多数浮动利率的基础利率。以银行从市场上筹集资金进行转贷的融资成本，贷款协议中议定的 LIBOR，通常是几家指定的参考银行在规定的时间(一般是伦敦时间上午 11：00)报价的平均利率。目前使用最多的是 3 个月和 6 个月的 LIBOR。

HIBOR，即香港银行间同业拆借利率(Hongkong Interbank Offered Rate)。是指香港银行间市场以港币计价的拆进拆出利率，期限从隔夜到 1 年期不等。HIBOR 类似于 LIBOR。此外，HIBOR 还是直接参与或间接参与亚洲经济的借款人和贷款人参考的基准利率。

SHIBOR，即上海银行间同业拆借利率(Shanghai Interbank Offered Rate，也称为"上海银行间同业拆放利率")。SHIBOR 是由信用等级较高的银行组成报价团自主报出的人民币同业拆出利率计算确定的算术平均利率，是单利、无担保、批发性利率。2007 年 1 月 4 日 SHIBOR 开始正式运行，也被称为中国的 LIBOR，是中国人民银行希望培养的基准利率体系。目前,对社会公布的 SHIBOR 品种包括:隔夜、1周、2周、1个月、3个月、6个月、9个月及1年。

15. 远期合约(forwards):是指合约双方同意在未来的某个确定时间,按照某个确定的价格出售或购买某种资产的协议。

16. 多头(long position):远期合约的购买方被称为多头。

17. 空头(short position):远期合约的出售方被称为空头。

18. 期货合约(futures):是指买卖双方在有组织的交易所内以公开竞价的形式达成的,在将来某一特定时间买入或卖出一定标准数量特定资产的协议。

19. 开仓(opening a position):是指投资者最初买入或卖出某种期货合约,确立了自己在合约交易中的头寸位置。而原先开仓的投资者通过一笔反向的交易来结清其头寸,这就叫平仓。

20. 保证金制度:在期货交易中,买卖双方都在各自的经纪商那里存入一定比例的保证金;同时经纪商必须在交易所的结算所存入一定比例的保证金,这就是保证金账户。保证金可分为初始保证金和维持保证金,前者是投资者开仓时应存入的保证金,只占所买卖的期货使用权价值的百分之五到百分之十;后者则是在投资者平仓之前,必须保留在其保证金账户上的最低金额,约占初始保证金的百分之七十五。

保证金制度规定,在账户中超过初始保证金的那部分,投资者可以支取;而一旦保证金余额低于维持保证金,投资者就应在 24 小时内将保证金追加到初始保证金的水平,否则经纪商会强行对他平仓,抛售其先前买进的期货合约,或买进其先前出售的期货合约,从而消除其多头或空头的地位。

21. 每日结算制度:期货交易实行每日结算,在每个交易日结束时,根据当天的收盘价,将投资者的损益计入其保证金账户。

22. 套期保值:是指投资者为预防不利的价格变动而采取的抵消性金融操作。通常做法是:在现货市场和期货市场上进行两组相反方向的买卖,从而使两个市场上盈亏大致抵消,以此达到防范风险的目的。

23. 利率期货：以债券利率为主要交易对象的标准化期货合约。

24. 外汇期货：以可兑换的外国货币作为交易对象的标准化期货合约。

25. 股票价格指数：是反映股票市场总体价格走势的一种指标。具有代表性的有：① 根据样本股票计算的报告期股价加权平均数与基期股价加权平均数的比值，如美国的标准——普尔指数。② 根据样本股票计算的报告期股价加权平均数，如美国的道·琼斯股票价格平均数。

26. 股指期货：以股票价格指数为交易对象的标准化期货合约。

27. 期权合约：又称选择权，它赋予期权购买者在合约有效期内按合约规定价格买卖一定数量某种资产的权利，而并非必须履行的义务。

28. 看涨期权：又称买入期权，期权持有者有权在合约有效期内按协议价格向期权出售者买进一定数量的某种金融资产或商品，但不负有必须买进的义务。

29. 看跌期权：又称卖出期权，期权持有者有权在合约有效期内按协议价格向期权出售者卖出一定数量的某种标的物，但不负有必须卖出的义务。

30. 互换（swap）：是指交易双方在未来某段特定的时间按照事先约定的方式相互交换现金流。

31. 利率互换：是指交易双方在未来一定期限内交换期限相同的两种货币的本金和利息。

32. 资金盈余单位：在一定时期内，总有一部分经济单位或由于收入增加，或由于缺乏适当的消费和投资机会，或为了预防不测，或为了将来需要而积累，因而处于总收入大于总支出的状态，这类单位称为盈余单位。

资金赤字单位：在一定时期内，有些经济单位或由于收入减少，或由于消费超前，或由于进行额外投资，或由于发生意外事故等，因而处于总收入小于总支出的状态，这类单位称为赤字单位。

33. 资金的直接融通：由赤字单位（最终借款人）直接向盈余单

位(最终贷款人)发行(出卖)自身的金融要求权,其间不需经过任何金融中介机构,或虽有中介人,但明确要求权的仍是赤字单位和盈余单位,双方是对立当事人,这种融资方式称为直接融通。

资金的间接融通:盈余单位和赤字单位之间没有直接契约关系,双方各以金融中介机构为对立当事人,即金融机构发行(卖出)自身的金融要求权,换取盈余单位的资金,并利用所得的资金去取得(买进)对赤字单位的金融要求权,这种融资方式称为间接融通。

34. 货币市场:通常是指短期信贷工具交易的市场,是融通短期资金或买卖短期金融证券的市场,参与交易的信用工具的期限都是1年或1年以内的,又称为短期资金市场。

资本市场:是指中长期资金融通或中长期金融证券买卖的市场,参与交易的信用工具的期限都在1年以上,又称为长期资金市场。

35. 同业拆借:是银行之间为调剂短期资金余缺而进行的一种融资方式,参加者是银行及其他金融机构。

同业拆借的具体做法是:先由办理拆借的双方协商拆借的金额、期限和利率;双方商妥后,由拆入行填写借据,经拆出行代表签字,将借据交资金市场管理部门审查;批准后,再由人民银行进行内部账户处理,头寸从拆出行账户转入拆入行账户。

同业拆借期限较短,我国拆借期大多为1—3个月,最长为9个月,最短为3—5天。同业拆借利息一般是低息或无息的,我国规定不得低于中国人民银行再贷款利率。

36. 回购协议:是以出售政府证券或其他证券的方式暂时从顾客手中取得闲置资金,同时订立协议在将来某时再购回同一批证券以偿付顾客的一种交易方式。它的期限一般是1天(隔夜),金额大多在100万美元以上。

37. CDs:即大额可转让定期存单(Negotiable Deposit Certificates of Large Denominations 的缩写)。它是一种银行发行的定期存款凭证,最早于20世纪60年代出现于美国。它的主要特点有:① 不能提前支取但可转让;② 不记名;③ 利率较高,一般高于同期的国债利率;④ 面额较大,最小金额为10万美元;⑤ 通常采取批发方式进行交易。CDs 是银行在金融业竞争日益激烈的情况下,主动吸收存款的一种金融创新形式。

38. 零息债券:是指发行时按规定的折扣率,以低于面值的价格发行,到期按面值偿还本金的一种新型债券。债券的发行价与面值之间的差价就是投资人的收益,由于没有利息,投资者可免交利息所得税。

39. 一级市场:是指政府、企业等单位发行新的股票和债券以筹集资金的场所,又称为资本发行市场,它包括债券发行市场和股票发行市场。

二级市场:是买卖已流通的有价证券的市场,又称为资本流通市场,包括场内市场和场外市场。

40. 资产证券化:是指将缺乏流动性的资产,转换为在金融市场上可以自由买卖的证券的行为,使其具有流动性。与此相对应的一个概念是"信贷资产证券化",这是指把欠流动性但有未来现金流的信贷资产(如银行贷款、企业的应收账款等)经过重组形成资产池,并以此为基础发行证券。

41. CDO:即"担保债务凭证"(Collateralized Debt Obligation 的简称),是以抵押债务信用为基础,基于各种资产证券化技术,对债券、贷款等资产进行结构重组,重新分割投资回报和风险,以满足不同投资者需要的创新性衍生证券产品。CDO 是一种固定收益证券,现金流量的可预测性较高,可以满足不同的投资需求以及增加投资收益,增强金融机构的资金运用效率和分散不确定风险。CDO 因结构和资产而异,但基本原理是一样的。通常创始银行将拥有现金流量的资产汇集群组,然后转给特殊目的实体(SPE),进行资产包装及分割,以私募或公开发行方式卖出固定收益证券或受益凭证。CDO 的发行者通常是投资银行,在 CDO 发行时赚取佣金,在 CDO 存续期间赚取管理费。

42. CDS:即"信贷违约掉期"或"信用违约互换"(Credit Default Swap 的简称),是一种类似损失保险的金融合约,这类合约的卖方多为银行和保险公司等实力金融机构。债权人通过购买这类合约(类似支付保险费)的方式,将债务违约风险转移。如果债券发行方破产不能还债,债券购买方将可以从银行或保险公司等 CDS 卖方获得相应赔偿。在信用违约互换交易中,违约互换购买者将定期向违约互换出售者支付一定费用(称为信用违约互换点差),而一旦出现信用类事件(主要指债券主体无法偿付),违约互换购买者将有权利将债券以面值递送给违约互换出售者,从而有效规避信用风险。

43. 风险:是指资产预期收益的不确定程度,在其他条件相同时,不同的风险会带来投资者不同的选择。

44. 流动性:流动性也是影响资产需求的另一重要因素。流动性是指一项资产可以不受损失地转化为现金的能力。流动性很大程度上取决于某项资产的交易市场是否发达。

45. 分散原理:是马可维茨证券组合理论中的重要原理,它说的是通过证券组合,风险可以得到分散和降低。

46. 有效组合(efficient set):就是在既定收益下,风险最小;或是在既定风险下,收益最大的原则建立起来的证券组合。

47. 有效边界(efficient frontier):就是在坐标轴上,将有效组合的预期收益和风险的组合连接而成的轨迹。

48. 资本资产定价模型(CAPM):夏普(Sharpe)等人发展起来的模型,主要说明的是资产风险报酬的大小,即资产的预期收益率与无风险收益率之间的关系。夏普发现,单个股票或者股票组合的预期回报率(expected return)的公式为

$$\bar{r}_a = r_f + \beta_a (\bar{r}_m - \bar{r}_f)。$$

其中,r_f 是无风险回报率(risk free rate);β_a 是证券的 Beta 系数;$\bar{r}_m$ 是市场期望回报率 (expected market return);$(\bar{r}_m - \bar{r}_f)$ 是股票市场溢价 (equity market premium)。

49. 分离定理:根据 CAPM 模型的假定条件,投资者对风险资产的预期收益率、方差和协方差有着相同的看法,这就意味着线性有效集对所有的投资者来说都是相同的。每一个投资者的投资组合中都包括一个无风险资产和相同的风险资产组合 M。因此,仅剩下投

资多少资金于风险资产组合 M 中这一个决策,而这取决于投资者对风险的厌恶程度。对风险厌恶程度高的投资者,将贷出更多的无风险资产;风险厌恶程度低的投资者将借入资金,更多地投资于风险资产组合 M。像这样关于投资与融资分离的决策理论被称作分离定理,即投资者的最佳风险资产组合,可以在并不知晓投资者对风险和收益的偏好时就加以确定。

50. 资本市场线(the capital market line):简写为 CML。如图 3-1 所示,就是从无风险资产所对应的点 $A(0,r_f)$ 出发,经过市场组合点 M 的一条射线,它反映了市场组合 M 和无风险资产的所有可能组合的收益与风险的关系。

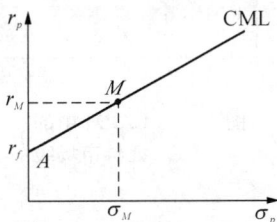

图 3-1 CAPM 中的资本市场线

资本市场线的函数表达形式为

$$r_p = r_f + \frac{r_M - r_f}{\sigma_M}\sigma_p。$$

其中,r_p 为投资组合的收益率;r_f 为无风险收益率;r_M 为市场组合 M 的收益率;σ_M 为市场组合 M 收益率的标准差;σ_p 为投资组合的标准差。

资本市场线反映了当资本市场达到均衡时,在市场组合 M 和无风险资产之间投资者将如何进行资金的分配,其实质就是在允许无风险借贷下的新的有效边界。

51. 证券市场线(the security market line):简写为 SML。资本市场线上的每一个点都表示着有效的组合,与之相对应的证券市场线表示的则是当资本市场达到均衡时,任意资产或资产组合的预期收益与其风险的关系,在这里的资产或资产组合并不一定是有效组合。

因此,证券市场线的函数表达形式可以写作

$$r_i = r_f + \frac{r_M - r_f}{\sigma_M^2}\sigma_{iM}。$$

其中,r_p 为任意资产或资产组合的收益率;r_f 为无风险收益率;r_M 为市场组合 M 的收益率;σ_M^2 为市场组合 M 收益率的方差;σ_{iM} 为

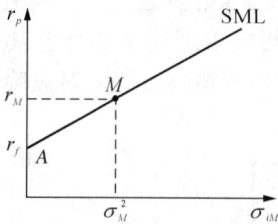

任意资产或资产组合收益率与市场组合收益率的协方差。如图 3-2 所示,我们可以更为直观地理解证券市场线的含义。

证券市场线还可以表示成为另一种形式:$r_i = r_f + \beta_{iM}(r_M - r_f)$,其中

图 3-2　CAPM 中的
证券市场线

$\beta_{iM} = \dfrac{\sigma_{iM}}{\sigma_M^2}$。$\beta_{iM}$ 就是著名的贝塔系数,它

是衡量系统性风险大小的重要指标,即某项资产或资产组合的收益率对整个资本市场回报变动的敏感性。

在这里,市场组合的 β 系数就为 1,因为它只存在系统性风险。β 系数越大,该资产或资产组合的系统性风险也就越大,由于系统性风险是无法通过资产分散化来消除的,所以风险厌恶型的投资者会偏好 β 系数小的资产。

52. 套利定价理论(the arbitrage pricing theory):简称 APT,由 Ross 于 1976 年提出,该模型是以回报率形成的多因素模型为基础,用套利的概念来定义均衡。在某种情况下,套利定价理论导出的风险—回报率关系与资本资产定价理论完全相同,使得 CAPM 成为 APT 的一种特例。

投资者认为,任何一种证券的收益率都是一个线性函数,其中包含 k 个影响该证券收益率的因素。套利定价理论的函数表达形式为

$$\widetilde{R}_i = a_i + b_{i1}\widetilde{F}_1 + b_{i2}\widetilde{F}_2 + \cdots b_{ik}\widetilde{F}_k + \widetilde{\varepsilon}_i。$$

其中,$\widetilde{R}_i$ 表示证券 i 的收益率;$\widetilde{F}_k$ 表示第 k 个影响因素;b_{ik} 表示证券 i 的收益率对因素 k 的敏感度;$\widetilde{\varepsilon}_i$ 表示影响证券 i 收益率的随机误差项,其期望值为 0;参数 a_i 代表当所有因素都为 0 时的证券收益率的期望水平。

如果套利定价理论中的影响因素只包括市场组合 M 一项时,

APT 就成了 CAPM。也就是说，CAPM 是 APT 的一个特例。

(四) 问答题

1. 简述现代金融市场的主要特征。

答：现代金融市场主要有如下特征：

① 回收性。授信人原则上要按等值全部收回原来贷出的货币资金(本金)，回收的方式可以是受信人如约赎回所发行的证券，即清偿到期债券；也可以是授信人将自己买进的证券在市场上转售而取回其资金。

② 期限性。金融都是有一定时间跨度的活动，资金融通一般有约定的期限。

③ 收益性。金融活动都有一定的收益，授信人除了可以等值回收原来付出的货币资金之外，还可以得到额外的收入，即受信人支付的利息或股息。授信人在持有证券之后，可因证券市价的上升而获得收益，或因证券市价下跌而蒙受损失。

④ 风险性。一切金融活动都是程度不同的风险投资活动，授、受信用双方都有蒙受意外损失的可能。金融活动的风险，有由于受信人不履行合约，不按时还本付息的风险，即违约风险；也有由于通货膨胀而使所收回的本金与利息贬值的风险，即购买力风险；也有因证券的市价下跌引起资本贬值的风险，即市场风险。

2. 简述金融市场主体。

答：金融市场的交易主体由家庭(个人)、非金融企业、政府和金融机构组成。

① 家庭。金融市场上大多数资金来源于家庭的储蓄，它们或者直接参与金融市场活动，或者通过银行和保险公司等金融机构的融资活动间接为金融市场提供资金。

② 非金融企业。它们暂时不用的流动资金、后备基金、提留折旧和盈利形成的暂时储蓄形成金融市场的资金供给，同时，它们在生产经营过程中所需的短期流动资金及扩大生产规模时所需的长期资本形成金融市场的资金需求。

③ 政府。政府在金融市场上发行政府债券，用以弥补财政赤字

或为公共工程筹集资金,成为市场活动的调节者;同时政府通过中央银行对金融市场进行干预和调节,以实施货币政策和维护金融市场的稳定。

④ 金融机构。商业银行、储蓄银行、基金会及保险公司等金融机构汇集社会上大量闲散储蓄基金,通过金融市场融通给企业、政府使用。此外,它们还发行自己的证券和出售持有证券以充实、调整准备金。

3. 金融市场在经济发展中有哪些重要作用?

答:金融市场对于经济的正常运行与发展是十分重要的。它的作用主要有以下几点:

① 媒介作用。金融市场能够调剂资金余缺,提高资金的使用效率。它促进了资金在盈余单位和赤字单位之间的调动,从而在宏观上实现由储蓄向投资的转化,使社会总供求趋于平衡。

② 积累作用。它能够续短为长、积少成多,为资金的积累与扩张创造条件,从而有利于社会再生产的发展。

③ 调节作用。金融市场能够运用市场力量,有效地配置资金,从而使真实资源的配置达到最佳状态。它对于调节积累与消费的比例、调节生产性投资与非生产性投资的比例,有着重要的意义。

④ 传导作用。一方面,金融市场可以通过各种金融指标的变动,反映出经济运行的深层次状况,为政府提供市场经济活动的信号;另一方面,由于它能够有效地影响资金供求,所以为政府提供了进行经济调控的一种方式,政府可以通过在金融市场上的操作来达到对宏观经济的适时、合理的调控。

4. 简述货币市场的主要功能。

答:货币市场是期限在 1 年以内的短期金融工具的交易市场,其主要功能是调节暂时的资金余缺。有的金融主体(如家庭、企业和政府)总要持有一定数量的现金来弥补收入与支出间的缺口。通常,有的主体作准备的货币量大于这段时期内收支的缺口,而有的主体会遇上暂时的入不敷出,货币市场则能在它们之间融通资金。另外,货币市场也是中央银行进行公开市场操作、贯彻货币政策意图的主要场所。

5. 简述同业拆借市场的主要交易。

答：同业拆借是银行之间为调剂短期资金余缺而进行的一种融资方式，参加者是银行及其他金融机构。

银行同业拆借市场的交易有间接拆借和直接交易两种。

① 间接拆借。资金拆借双方将意向和信息传递到中介机构，由中介机构根据市场价格、双方指令媒介交易。间接拆借是最主要的交易方式，其特点是拆借效率高、交易公正、安全。充当中介机构的主要是某些规模较大的商业银行或者专门的拆借经纪公司。

② 直接交易。不通过经纪机构，由拆借资金买卖双方通过电话或其他电讯设备直接联系，洽谈成交。其特点是交易成本低。这种交易在同业拆借市场上较为少见。

同业拆借期限较短，我国拆借期大多为 1—3 个月，最长为 9 个月，最短为 3—5 天。同业拆借利息一般是低息或无息的，我国规定不得低于中国人民银行再贷款利率。

6. 简述证券流通市场的功能。

答：证券流通市场主要具有如下功能：

① 证券流通市场具有为金融工具提供流动性的功能。当股东想转让股票或债券持有人想将债券提前变现时，均需在证券流通市场上寻找买主，如果不存在证券流通市场，那么即将发行的股票和债券几乎无人购买。

② 证券流通市场通过为已上市的证券提供能流动场所的功能、使短期资金来源转作长期资金使用，从而具有扩大长期资金规模的功能。因为，一方面投资人可以将闲置资金投资于长期证券，而不必担心无法提前变现；另一方面，筹资人则可放心地按证券期限使用所筹资金，而无须顾虑资金来源不稳定。

7. 简述证券上市的条件。

答：股票进入证券交易所挂牌买卖，须受严格的条件限制。我国《公司法》规定，股份有限公司申请其股票上市，必须符合下列条件：

① 股票经国务院证券管理部门批准已向社会公开发行。不允

许公司在设立时直接申请股票上市。

②公司股本总额不少于人民币5 000万元。

③开业时间在3年以上,最近3年连续盈利。

④持有股票面值人民币1 000元以上的股东不少于1 000人,向社会公开发行的股份达到公司股份总额的25%以上;公司股本总额超过人民币4亿元的,其向社会公开发行股份的比例为15%以上。

⑤公司在最近3年内无重大违法行为,财务会计报告无虚假记载。

⑥国务院规定的其他条件。

8. 试述主板市场与创业板市场的主要区别。

答:从联系的角度来看,创业板和主板上市公司都处于同样的经济环境下,都要受到宏观环境的影响,同一行业的上市公司都要受到相同行业发展前景的影响。两个市场的投资主体并不存在多大的差异。从区别来看,创业板和主板市场主要存在以下差异:

①上市条件不同。创业板主要为主营业务高成长的公司提供融资服务,对上市公司的股本规模和盈利要求比主板市场低。创业板上市对象为具有高新技术含量和成长型中小企业,上市条件较主板市场宽松。主板市场对上市公司有近三年持续盈利的要求,一方面公司业绩良好;另一方面投资者对企业未来收益保持较高预期。而创业板上市标准中对企业没有盈利方面的要求。

②风险不同。由于创业板上市标准中对企业没有盈利方面的要求,企业运行的不可预知性加强,而且投资者也无法依据企业以往经营中的盈利记录来预期未来较高的盈利水平。因此,创业板市场的投资风险比主板市场大。

③上市公司股本结构不一样。创业板市场上市公司的股本较小,发起人股在一定时间后可以转化为流通股。而主板市场上市公司总股本中,存在较大一部分目前未能上市的国家股和法人股。

④控股主体不同。创业板上市公司的控股主体一般是民营企业或个人,企业的所有者也是企业的经营者。而主板上市公司的控股股东绝大部分是国家,企业所有者和企业经营者相分离。

⑤ 信息披露质量要求不同。与主板相比,创业板上市公司的定期报告中增加了季度报告,对临时报告的内容也大大扩展;同时,年报和中报的披露时间也较主板市场相应缩短,分别为相应会计年度结束后 3 个月内和 45 日内。提高信息披露的频率,不仅可以促使信息对称,而且有利于加强市场各方对上市公司的监督,有利于上市公司进一步的规范操作。

9. 采用普通股方式筹资各有哪些优缺点?

答:(1)普通股筹措资本与其他筹资方式相比,具有如下优点:

① 发行普通股筹措资本具有永久性的特点,无到期日,不需归还,有利于保证公司对资本的最低需要,维持公司长期稳定发展。

② 发行普通股筹资没有固定的股利负担,股利的支付与否和支付多少,视公司有无盈利和经营需要而定,经营波动给公司带来的财务负担相对较小,所以筹资风险较小。

③ 发行普通股筹集的资本是公司最基本的资金来源,它反映了公司的实力,也可作为以其他方式筹资的基础,尤其可为债权人提供保障,增强公司的举债能力。

④ 由于普通股的预期收益较高,并可一定程度地抵消通货膨胀的影响,因此普通股筹资容易吸收资金。

(2)但是,运用普通股筹措资本也有一些缺点:

① 普通股的资本成本较高。首先,对于投资者,投资于普通股风险较高,就相应地要求有较高的投资报酬率;其次,对于筹资公司,普通股股利从税后利润中支付,因而不具有抵税作用;此外,普通股的发行费用一般也高于其他证券。

② 以普通股筹资会增加新股东,可能会分散公司的控制权;此外,新股东分享公司未发行新股前积累的盈余,会降低普通股的每股净收益,从而可能引发股价的下跌。

10. 请简要说明股票交易的过程,并解释几种委托买卖方式有何异同。

答:证券交易所为交易双方提供了公开交易的场所,取得交易所会员资格的经纪人和交易商入场进行交易。股票交易的过程为:

① 开户。客户在经纪人处开立账户，并存入用于交易的资金。

② 委托。当客户认为需要买卖证券时，需向经纪人发出指令，经纪人则将客户的指令传递给其在交易所的场内交易员，交易员则按指令要求进行交易。

③ 成交。在证券交易所内股票以"价格优先，时间优先"的原则，通过竞价成交。

④ 过户。资金、股票在客户的账户上进行划转。

委托买卖的方式有市价委托、限价委托和停止委托。市价委托，是按照当时的市场行情买卖一定数量的股票；而限价委托，是指客户限定交易价格，只有当市价满足这一条件时才进行买卖；停止委托，则是客户要求经纪人在市价变动到一定的限度时停止买卖，其目的是为了锁定损益。

11. 请比较远期和期货有哪些区别？

答：期货是在远期的基础上发展起来，类似于远期，但两者又有区别。从交易地点上看，远期的交易地点比较分散，多为场外交易，而期货交易则集中在交易所内；从合同的内容和形式上看，远期合同是由交易双方共同协定，而期货合同则是标准化的合同；从交割形式上看，远期要按时进行交割，而期货经常会采取对冲的形式，因此较少进行实物交割；从交易费用上看，远期一般无须交纳交易费用，而期货则须交纳保证金；从交易目的上看，远期交易者是为了锁定价格、减少损失，而期货交易者大多是为了套期保值或投机；从参与者角度上看，远期参与者是生产、经营和消费者，而期货参与者则是经纪人和投机商；从交易商品上看，远期可对一切商品进行交易，而期货则只对有限种类的商品和金融工具进行交易，并且规格统一，进行标准化交易；从交易方式上看，远期是一对一的交易，而期货则是集中交易；从保证手段上看，远期是以合同条款和法规作保障，而期货则以保证金制度作为保障。

12. 请简述什么是股指期货的套期保值？

答：股指期货的套期保值，就是同时在股票的现货市场与股票指数的期货市场进行相反方向的操作，从而可以抵消因股市价格波动可能带来手持股票的贬值风险。例如,当股票持有人预测股市将要下跌时,为避免股价贬值带来损失,便可以先卖出股票价格指数期货。一旦股市真的下跌,那么股指期货的价格也随之下跌,此时可买入与先前数量相同的指数期货,获得价差收入,弥补股票现货交易的损失。

13. 请在 $N = 2$ 的情况下分析证券组合风险分散的过程。

答:根据马可维茨的证券组合理论,证券组合可以分散和降低风险。例如,当证券组合中只有两种证券($N = 2$)时,证券的组合风险为:$\sigma_p^2 = x_1^2 \sigma_1^2 + x_2^2 \sigma_2^2 + 2 x_1 x_2 \sigma_1 \sigma_2 \rho_{1,2}$(其中,$\sigma_1$,$\sigma_2$ 是两种证券各自收益的标准差;x_1,x_2 为两种证券在组合中所占的比例;$\rho_{1,2}$ 是两者收益之间的相关系数)。

当 $\rho_{1,2} = -1$ 时,两种证券的收益完全负相关,此时

$$\sigma_p = |\, x_1 \sigma_1 + x_2 \sigma_2 \,|;$$

当 $\rho_{1,2} = 0$ 时,两种证券的收益完全无关,此时

$$\sigma_p = \sqrt{x_1 \sigma_1 + x_2 \sigma_2};$$

当 $\rho_{1,2} = 1$ 时,两种证券的收益完全正相关,此时

$$\sigma_p = x_1 \sigma_1 + x_2 \sigma_2。$$

由此可见,当 $\rho_{1,2} = 1$ 时,σ_p 最大,等于 σ_1,σ_2 的加权平均;当 $\rho_{1,2} = -1$ 时,σ_p 最小,且有可能为零。所以,除非相关系数等于1,二元证券投资组合的风险始终小于单独投资这两种证券的风险的加权平均,从而说明通过证券组合可以降低风险。

14. 请阐述 APT 理论,并说明在何种情况下其与资本资产定价模型相同。

答:资本资产定价模型 CAPM 假定,系统性风险只来自市场的资产组合,于是有

$$R^e - R_f = \beta (R_m^e - R_f)。$$

其中,$R^e =$ 该项资产的预期收益率;$R_f =$ 无风险收益率;$\beta =$ 该项资产的 β 系数;$R_m^e =$ 整个市场资产组合的预期收益率。

而资本资产套价理论 APT 认为,经济中无法用多样化来分散的风险来源有多种,APT 通过估计一项资产的收益率对各种因素变动的敏感程度来计算多个 β 值。于是,一项资产的风险升水为

$$R^e - R_f = \beta_1(R_1^e - R_f) + \beta_2(R_2^e - R_f) + \Lambda + \beta_k(R_k^e - R_f)。$$

当影响因素仅包括市场组合一项,即:$R^e - R_f = \beta_1(R_1^e - R_f)$ 时,APT 理论与资本资产定价模型相同。

15. 为什么说资金的直接融通和间接融通是相辅相成、相互促进的?

答:(1) 由赤字单位直接向盈余单位发行自身的金融要求权,其间不需要经过任何金融中介机构,或虽有中介人,但明确要求权的仍是赤字单位和盈余单位,双方是对立当事人,这种融资方式称为直接融通。它的优点在于:

① 赤字单位和盈余单位双方是对立当事人,易于互相了解。

② 没有金融机构作中介,因而双方均可降低成本,提高收益。

③ 手续简便,节省时间。

④ 这种金融要求权通常采取有价证券形式,适合市场的需要,可以转让,具有流动性。

但是,直接融资也会受到时间、期限以及融资金额的限制。

(2) 盈余单位和赤字单位之间没有直接契约关系,双方各以金融中介机构为对立当事人,即金融机构发行自身的金融要求权,换取盈余单位的资金,并利用所得的资金去取得对赤字单位的金融要求权,这种融资方式称为间接融通。它的优点在于:

① 金融机构有专门人才来对筹资者的各种状况进行深入了解。

② 可以节省直接融资中的佣金、印花税等费用。

③ 由于发行股票和债券有一定限制,所以银行借款成为最普通的一种筹资方式。

④ 银行的资金来源充足,可以从银行获得期限较长、金额较大的借款。

综上所述,直接融通与间接融通各有优缺点,双方可以取长补

短、相互促进。直接融通与间接融通两部分共同构成统一的金融市场,两者相辅相成,共同促进经济的发展。在经济发展的不同历史阶段,两种融资方式起着不同的作用。在简单的商品经济中,直接借贷占重要地位;在商品经济比较发达的时代和地区,以金融机构为中介的间接融资占主导地位;在商品经济高度发达,资金调度力求高效率的当代社会,直接融资的地位又日益重要。

16. 资金融通的作用是什么?

答:资金融通的作用是:

① 便于投资和筹资。各种形式的融资活动一方面为投资者的资金寻找投向;另一方面为筹资者提供筹资的多种途径,社会资金得到了充分的利用。

② 有利于长短期资金的转化。股票、债券的发行可以把分散的短期资金转化为长期投资,而股票、债券又可以在市场上随时转让变现,具有灵活性。

③ 有利于金融机构营运资金的调度。

④ 有利于地区间、国与国之间资金的转移。

⑤ 有利于提高资金使用效益。

17. 试分析金融市场形成的基本条件。

答:金融市场是商品经济高度发达的产物。随着商品生产和流通的发展,社会资本迅速转移,资金融通的方式日趋多样化,各种信用工具不断涌现,信用工具作为金融商品在金融市场上交易就自然而然地出现了。多种信用工具的流通以及多种融资方式的运用,导致了金融市场的形成。具体来说,金融市场的形成需要具备以下条件:

① 商品经济高度发达,商品生产和流通十分活跃,社会上存在着庞大的资金需求和供给,这是金融市场得以建立和有效运行的前提条件。

② 健全完善的金融机构体系以及丰富多样的信用工具和交易形式,是金融市场形成的内部条件。金融机构是金融交易的主体,它通过提供灵活有效的金融服务,作为资金供求双方的媒介,赋予金融市场活力。信用工具是金融交易的客体,只有交易工具丰富,形式多

样化,才能满足社会上众多资金供求者的需求,充分调动社会资金。

③ 健全的金融立法、合理的市场管理,是金融市场健康发展的外部条件。健全的立法,使交易双方有了可以遵守的规则,并能保障双方的正当权益,保证金融工具的信用。另一方面,金融当局通过合理的市场管理,可以运用适当的金融手段来调控市场的运营。

18. 什么是联邦基金? 它的交易过程是怎样的? 它有哪些作用?

答:联邦基金是美国银行间调剂准备金头寸的工具,表现为银行同业之间买卖在中央银行存款账户上的准备金余额,期限通常为1天,最低额度为100万美元。

联邦基金的交易一般包括贷出行、借入行以及联邦储备银行,有时还有联邦基金经纪人作为这项业务的中介。它的交易过程如下:先由经纪人通过电话协商,然后由联邦储备银行在贷出行和借入行的准备金账户上划拨,并在交易期满时逆向划拨。借入行应付给贷出行一定的利息。

联邦基金的作用有:

① 为银行提供了经常性的资金来源。由于银行业务比较频繁,准备金经常变动,在准备金低于法定准备率以下时,可以从联邦基金市场上获得资金以补足,这样就可以大大减少流动资产的持有量,提高自身贷款能力。另一方面,许多银行利用这个市场作为扩大有收益资产的手段,在这个市场上投放闲散资金,以获取收益。

② 为中央银行反映货币市场信息,同时有效地传导中央银行的货币政策。联邦基金市场对资金供求十分敏感,利率变化频繁,反映了准备金供求状况,并间接反映了银行信贷、投资机会和整个经济的状况。另一方面,中央银行实施货币政策时,联邦基金市场的利率会立即作出反应,从而使货币政策的效果更加直接、迅速。

19. 简述国库券在资金融通中的作用。

答:国库券在资金融通中的作用有:

① 就资金供应者来说,投资于国库券安全可靠,不仅可以获得收益,而且操作方便,国库券常常成为商业银行理想的"二线准备"。

② 对资金需求者来说,国库券可以解决政府季节性和临时性的

资金需要,使国库收支得到调节。

③ 中央银行可以在国库券市场上进行公开市场操作,因此国库券市场成为中央银行进行宏观经济调控的重要机制之一。

20. 试分析影响股票行市的因素。

答:股票行市,是指在证券市场上买卖股票的价格。

股票的初始价格,完全取决于供给方面,它由当时的市场利息率与股息确定。若以 P 表示股票价格,r 表示市场利息率,D 表示股息,则有 $P = \dfrac{D}{r}$,这表示股票的价格与其收益成正比,与市场利率成反比。

在二级市场上,影响股票价格的因素有两大类。第一类是基本因素,指证券市场外的各种发展,包括经济方面因素,如经济增长率、失业率、物价指数、公司利润率等,以及政治方面因素,如战争、政局变动等,它们在长期内影响股票市场价格。第二类是技术因素,是短期市场内部的状况,包括股票交易量、市场宽度、卖空数量等。

21. 请基于衍生工具的视角对发端于次贷危机的国际金融危机的成因作一简单分析。

答:在美国,次级贷款人向银行等放贷机构申请住房抵押贷款,放贷机构再将住房抵押贷款作为一种资产"卖给"房利美和房地美等机构;后者将各种住房抵押贷款打包成"资产抵押债券"(ABS);此后又经过投资银行等机构的重新分割、组合、包装,开发出越来越复杂的 CDO、CDO 平方,甚至 CDO 立方等金融衍生工具;在一系列金融创新的基础上,再通过评级、担保后出售给全球的保险公司、养老金、对冲基金等投资者。衍生工具创新、担保、评级的过程也是风险积累、泡沫放大的过程,在次级贷款这一源头出现问题时,泡沫进一步以更快的速度破灭,从而形成金融危机,并通过金融衍生工具等多种渠道向全球传导。

(五) 计算题

1. 现有 3 年期国债两种,分别按半年和一年付息方式发行,其面值为 1 000 元,票面利率为 6%,市场利率为 8%,试分别计算其理论发行价格。

解　国债发行价格的计算公式为

$$P = \frac{FV}{(1+r_m)^n} + \sum_{t=1}^{n} \frac{FV \times r_b}{(1+r_m)^t}。$$

其中，P 表示发行价格；FV 表示面值；r_m 表示市场利率；r_b 表示票面利率；n 表示期限。

按一年付息方式发行的国债价格为

$$P = \frac{1000}{(1+8\%)^3} + \sum_{t=1}^{3} \frac{1000 \times 6\%}{(1+8\%)^t} = 948.46 \text{ 元}。$$

按半年付息方式发行的国债价格为

$$P = \frac{1000}{(1+4\%)^6} + \sum_{t=1}^{6} \frac{1000 \times 3\%}{(1+4\%)^t} = 947.58 \text{ 元}。$$

2. 投资者 A 与某券商分别为看涨期权的买方与卖方，他们就 M 公司股票达成交易：期权的有效期限为 3 个月，协议价格为 20 元一股，合约规定股票数量 10 000 股，期权价格为 3 元一股，在未来的 3 个月，投资者可能有几种选择，并分别计算出其盈亏。（提示：本题不考虑交易费用及期权价格的变动。）

解　看涨期权的买方损益，如图 3-3 所示（其中 ST 表示股票市场的现货价格）：

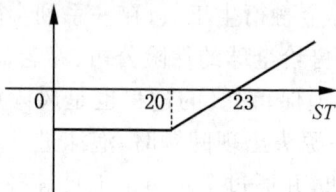

图 3-3

① 当 $ST < 20$ 时，投资者不执行合约，其亏损为

$$3 \times 10000 = 30000 \text{ 元}；$$

② 当 $20 < ST < 23$ 时，投资者执行合约，其亏损为

$$(23 - ST) \times 10000 \text{ 元}；$$

③ 当 $ST > 23$ 时，投资者执行合约，其赢利为

$$(ST - 23) \times 10000 \text{ 元}。$$

3. 现有评级为 Aa 级的公司甲，凭其自身可从市场上以固定利率8.6%或浮动利率 HIBOR+0.1%获得借款,另有 Baa 级公司乙,可以9.6%的固定利率或浮动利率 HIBOR+0.3%从市场上获得借款(浮动利率均为每半年调整一次)。请为这两家公司设计一次利率互换,使互换获得的收益在两家公司之间均分。

解　分析过程如下(见表3-1):

表3-1

贷款利率	固定利率	浮　动　利　率
甲	8.6%	HIBOR+0.1%,每半年调整
乙	9.6%	HIBOR+0.3%,每半年调整
绝对优势	甲:−1%	甲:−0.2%
比较优势	甲	乙

按照比较优势,甲应在固定利率市场上融资,乙应在浮动利率市场上融资,而后双方进行利率互换,以节约总成本。

甲:以8.6%在固定利率市场上贷款;

乙:以 HIBOR+0.3%在浮动利率市场上贷款。

甲、乙进行利率互换,乙向甲支付8.6%的利率,甲向乙支付 X (先设为未知)的利率。

结果,每半年:

甲:固定利率流出　　8.6%×0.5

　　浮动利率流出　　X×0.5

　　固定利率流入　　8.6%×0.5

　　净流出　　　　　X×0.5

　　节约　　　　　　(HIBOR+0.1%−X)×0.5

乙:浮动利率流出　　(HIBOR+0.3%)×0.5

　　固定利率流出　　8.6%×0.5

　　浮动利率流入　　X×0.5

　　净流出　　　　　(HIBOR+8.9%−X)×0.5

　　节约　　　　　　{9.6%−(HIBOR+8.9%−X)}×0.5

若要使得收益在甲、乙两公司间平分,则 HIBOR + 0.1% − X = 9.6% − (HIBOR + 8.9% − X),解得 X = HIBOR − 0.3%。即利率互换后,甲向乙支付 HIBOR − 0.3% 的利率。

4. 假设某项资产的 β 值为 0.5,此时短期国库券利率为 3%,当市场预期收益为 9.8% 时,试用 CAPM 模型估计该项资产的预期收益。

解　由 CAPM 模型可知:

该项资产的预期收益率: $R^e = R_f + \beta(R_m^e - R_f)$。

其中, R_f 表示无风险收益率; β 表示该项资产的 β 系数; R_m^e 表示整个市场资产组合的预期收益率。则

$$R^e = 3\% + 0.5 \times (9.8\% - 3\%)$$
$$= 6.4\%。$$

5. 某投机商以一份预定利率为 r_1 的利率上限期权换回一份预定利率为 r_2 的利率下限期权($r_1 > r_2$),请作出该投机商的期权损益略图。

解　利率上限期权卖方损益图,如图 3-4 所示。

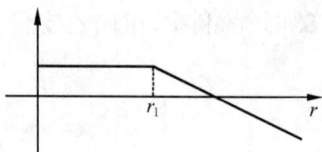

图 3-4

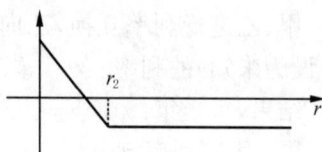

图 3-5

利率下限期权买方损益图,如图 3-5 所示。

将两图叠加即可得到以 CAPS 期权换回 FLOORS 期权的投机商的损益图,如图 3-6 所示。

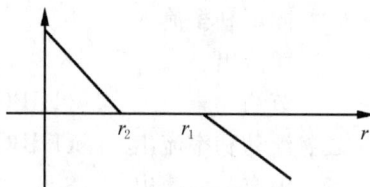

图 3-6

6. 一种 3 个月期的美国国库券面值为 1 000 美元,发行时的售

价为 970 美元,试计算其利率(指年利率)。

解　国库券的利率确定公式为

$$\frac{面值-发行价}{发行价} \times \frac{12}{国库券期限(月份)} \times 100\%,$$

国库券利率(折算率)$=\dfrac{1000-970}{970} \times \dfrac{12}{3} \times 100\% = 12.37\%$。

第四章　商　业　银　行

第一节　习　　题

(一) 判断题

1. 开发银行并不以盈利为目的,因此多由国家或政府创办。
(　　)

2. 分支行制银行由于能在各分支行之间调动资金,所以能更好地支持地方经济。(　　)

3. 连锁银行在经营上保持独立,但在法律上由某个人或集团控制。(　　)

4. 使用贷款承诺的客户,无论使用贷款与否,都必须支付一定的手续费。(　　)

5. 对金融机构的客户而言,浮动利率借款在未来利率上升时是有利的。(　　)

6. 商业银行与其他专业银行及金融机构的基本区别在于商业银行是唯一能够接受、创造和收缩活期存款的金融中介机构。(　　)

7. 互助储蓄银行为较小的盈余单位在债券市场和股票市场上直接投资提供了一种方式。(　　)

8. 目前,西方工业国由于金融市场高度发达、金融体系完善、资金流量大,一般不设立政策性金融机构。(　　)

9. 我国的金融体系由银行金融机构组成。（　　）

10. 商业银行是对工商企业进行长期投资、长期贷款、包销新证券的专业银行。（　　）

11. 商业银行投资的证券都是股权证券。（　　）

12. 信托业务由于商业银行能够获利,所以是资产业务。（　　）

13. 在信托关系中,托管财产的财产权即财产的所有、管理、经营和处理权,从委托人转移到受托人。（　　）

14. 商业银行业务经营的三原则既有联系,又有矛盾。（　　）

15. 负债管理理论盛行的时期,商业银行的资金来源得到扩大,从而大大提高了商业银行的盈利水平。（　　）

16. 在商业银行出现正的资金缺口的情况下,市场利率与银行利息收益的变动方向是一致的。（　　）

17. 在预期利率下降时,银行进行空头套期可以抵消借入成本的增加。（　　）

18. 商业银行创造信用的能力不受任何条件的限制。（　　）

(二) 选择题

1. 商业银行向中央银行借款通常有两种形式,即：_____。

A. 直接借款　　　　　　　B. 贴现票据

C. 直接申请　　　　　　　D. 以资产为抵押

E. 以政府为担保

2. 防范汇率风险的币种选择原则包括：_____。

A. 收"硬"付"软"　　　　　B. 收"软"付"硬"

C. 借"软"贷"硬"　　　　　D. 借"硬"贷"软"

3. 现代商业银行的发展趋势包括：_____。

A. 全能化　　　　　　　　B. 电子化

C. 国际化　　　　　　　　D. 股权开放化

E. 非货币化

4. 商业银行的风险转移策略包括：_____。

A. 将业务交给其他银行　　B. 在不同市场开展业务

C. 通过衍生品交易锁定风险　　D. 发行浮动利率负债

E. 定价时加入风险报酬　　　　F. 保险

5. Q 条例是关于_____方面的规定。

A. 对活期存款不准支付利息　B. 分业经营

C. 定期存款利率上限　　　　D. 存款保险

E. 法定准备金

6. SWIFT 是：_____。

A. 瑞士银行　　　　　　　　B. 社会保险基金

C. 瑞典银行　　　　　　　　D. 一种资金清算体系

7. 下列金融机构中,属于存款性金融机构的有：_____。

A. 互助储蓄银行　　　　　　B. 投资银行

C. 货币市场互助基金　　　　D. 金融公司

8. 投资银行的主要业务有：_____。

A. 调查分析市场状况以及证券供求动态

B. 发放不动产抵押贷款

C. 包销或承销证券

D. 零售业务

9. 投资银行的主要资金来源是：_____。

A. 政府拨款　　　　　　　　B. 财政贷款

C. 同业拆借　　　　　　　　D. 发行股票

E. 发行债券

10. 我国现行的非银行金融机构主要有：_____。

A. 中国人民保险公司　　　　B. 中国国际信托投资公司

C. 信用合作社　　　　　　　D. 邮政储蓄机构

11. 银行持股公司制在_____最为流行。

A. 美国　　　B. 英国　　　C. 德国　　　D. 日本

12. 商业银行资产负债表是重要的财务报表,由_____组成。

A. 资产　　　B. 负债　　　C. 股东产权　D. 存款

13. 商业银行资产负债表的资产方反映银行资金运用,它由_____组成。

A. 现金资产　　B. 投资　　　　C. 贷款　　　　D. 资本

E. 其他资产

14. 以下项目中,构成商业银行资金来源的有:_____。

A. 股东权益　　　　　　　　B. 投资

C. 借款及其他负债　　　　　D. 存款

E. 公积金

15. 商业银行的资产业务包括:_____。

A. 贷款业务　　B. 借款业务　　C. 信托业务　　D. 承兑业务

E. 证券业务

16. 商业银行的投资业务是指银行从事_____的经营活动。

A. 购买有价证券　　　　　　B. 租赁

C. 代理买卖　　　　　　　　D. 现金管理

17. 可以归入商业银行中间业务的有:_____。

A. 信贷业务　　　　　　　　B. 汇兑业务

C. 信用证业务　　　　　　　D. 代收、代客买卖业务

E. 投资业务　　　　　　　　F. 贴现业务

18. 银行代客户买卖外汇和有价证券的业务属于_____。

A. 汇兑业务　　　　　　　　B. 证券业务

C. 承兑业务　　　　　　　　D. 信托业务

19. 商业银行替客户办理中间业务可能获得的实际好处是:

_____。

A. 手续费收入　　　　　　　B. 控制企业

C. 双方分成　　　　　　　　D. 暂时占用客户资金

20. 认为银行只宜发放短期贷款的资产管理理论是:_____。

A. 转换理论　　　　　　　　B. 预期收入理论

C. 真实票据理论　　　　　　D. 超货币供给理论

21. 可以用来充当商业银行二线准备的资产有:_____。

A. 拆放同业资金　　　　　　B. CDs

C. 在中央银行的存款　　　　D. 国库券

22. 根据偿还期对称原则,活期存款可用于_____资产项目上。

A. 一线准备　　　　　　　B. 二线准备

C. 贷款　　　　　　　　　D. 长期证券投资

E. 固定资产

23. 在上题中,定期存款可用于＿＿＿＿＿,借款可用于＿＿＿＿＿,而自有资本可应用于＿＿＿＿＿。

(三) 名词解释

1. 流动性

2. 货币乘数

3. 欧洲美元

4. 循环周转限额信贷协议

5. 托收

6. Letter of Credit

7. 商业贷款理论

8. ATS

9. 信息不对称,逆向选择,道德风险

10. 业主—代理人问题

11. 存款保险制度

12. CAMEL 评级法

13. 存款性金融机构与非存款性金融机构

14. MMMF 与 MMDA

15. NOW 账户

16. 贷款承诺与信贷限额

17. 资金缺口分析

18. 资产负债利率敏感性管理

19. 存款法定准备金制度

20. 法定准备金与超额准备金

21. 存款乘数与货币乘数

22. 基础货币

(四) 问答题

1. 简述大额可转让定期存单的内涵及特征。

2. 请简述我国现行的贷款风险五级分类法。

3. 为什么信用证会成为使用最广泛的一种国际结算方式？

4. 混业经营有何利弊？你赞成在我国引入混业经营吗？

5. 解决业主—代理人问题的方法有哪些？

6. 存款保险制度有哪些优缺点？

7. 银行解决信息不对称的方法有哪些？

8. 银行经营中面临的主要风险有哪些？

9. 如何理解盈利性、流动性和安全性的对立统一？

10. 请说明负债管理理论的核心思想，并阐述购买理论和销售理论的主要内容。

11. 试述商业银行在国民经济中的作用。

12. 商业银行与政策性银行有哪些不同？

13. 比较单元银行制与分支银行制的优缺点，并就今后商业银行组织形式的发展方向提出你的看法。

14. 商业银行的负债项目主要包括哪些？商业银行如何扩大自身的负债能力？

15. 什么是商业银行的投资业务？商业银行为什么要进行投资业务？进行投资业务应当注意哪些问题？

16. 什么是商业银行的中间业务？有哪些中间业务？商业银行为什么要开展中间业务？

17. 什么是商业银行的表外业务？有哪些表外业务？表外业务与中间业务有何异同？

18. 商业银行的经营方针是什么？怎样理解这些方针既有统一的一面又有矛盾的一面？

19. 试评述各种商业银行资产管理理论的背景、内容以及各自的优点与局限。

20. 什么是信用评估的 6C 原则？

21. 商业银行何以有信用创造能力？影响商业银行信用创造的因素是什么？

22. 简述 1988 年《巴塞尔协议》与 2003 年《新巴塞尔资本协议》

的主要内容。

23. 影响货币乘数的因素有哪些?

(五) 计算题

1. 某银行接到一客户的要求,贴现一个月后到期的面值为 20 万的零息票债券,贴现率为 8.4%(年息),请计算贴现利息和实际贴现利率。

2. 某国商业银行体系共持有准备金 300 亿元,公众持有的通货数量为 100 亿元。中央银行对活期存款和非个人定期存款规定的法定准备率分别为 15% 和 10%,据测算,流通中的现金漏损率为 25%,商业银行的超额准备率为 5%,而非个人定期存款比率为 50%。试求:

(1) 活期存款乘数与货币乘数(这里的货币是指狭义货币 M_1);

(2) 狭义货币供应量 M_1。

第二节　习题答案

(一) 判断题

1. √　2. ×　3. ×　4. √　5. ×　6. √　7. ×　8. ×
9. ×　10. ×　11. ×　12. ×　13. ×　14. √　15. ×　16. √
17. ×　18. ×

(二) 选择题

1. AB　2. AC　3. ABC　4. CEF　5. C　6. D　7. AC
8. ACD　9. DE　10. ABCD　11. A　12. ABC　13. ABCE
14. ACE　15. AE　16. A　17. BD　18. D　19. AD　20. C
21. BD　22. ABC　23. BCD, AC, DE

(三) 名词解释

1. 流动性:银行的流动性指的是一种在不损失价值情况下的变现能力,一种足以应付各种责任的充分的资金可用能力。银行的流动性体现在资产和负债两个方面。资产的流动性,是指银行持有的资产能够随时得以偿付,或在不贬值的条件下确有销路。负债的流动性,是指银行能够轻易地以较低成本随时获得所需要的资金。

2. 货币乘数:在商业银行的信用创造与收缩过程中,有狭义货币供应量为

$$M_1 = \left(\frac{1+k}{r_d+e+k+t\times r_t}\right)\times H。$$

其中,H 为基础货币;括号内为货币乘数,用 m 表示,则

$$M_1 = m\times H;$$

k 是活期存款中现金漏损比例;r_d 是法定准备金率;e 是超额准备金率;t 是非个人定期存款漏出比例;r_t 是非个人定期存款的准备金率(超额与法定之和)。

3. 欧洲美元:是指存于美国境外的美元存款。

4. 循环周转限额信贷协议:信贷限额是贷款承诺的一种形式,银行同意在一定时期的一定条件下,在需要时发放贷款,一直到一定限额为止。循环周转限额信贷协议,一般为期 2—3 年,允许企业在所需要的最高额度内借入和归还资金。有的协议还允许在协议时期终了时,将贷款转成中期贷款。

5. 托收:是一种结算方式。卖方发货后,将运输单据交给本地银行申请托收;本地托收行将单据发往付款方所在地的指定的代收银行;代收行提示买方付款,并在收到款项后交单;付款人凭单提货。

6. Letter of credit:即信用证(L/C),信用证结算是相对较完善的一种国际结算方式。进口商凭贸易合同申请本地银行开立信用证,审核之后,开证行把信用证发给出口商所在地的指定银行;对方银行通知出口商发货。出口商凭所有发票、单据交银行,银行审单无误后,一般预先议付给出口商,并寄单给开证行;开证行审单无误后,付款给对方银行,同时通知进口商付款赎单。

7. 商业贷款理论:真实票据论,又叫商业贷理论,源于亚当·斯密 1776 年发表的《国民财富性质的原因的研究》一书。该理论认为,银行的资金来源主要是同商业流通有关的闲散资金,都是临时性的存款,为了保障随时偿付提存,银行资产必须具有较大的流动性,

因而银行只宜发放短期的与商品周转相联系的商业贷款。这种贷款具有自偿性,即随着物资周转、产销过程完成,贷款自然地从销售收入中得到偿还。据此,该理论强调贷款必须以商业行为为基础,以真实的商业票据为抵押;一旦企业不能偿还贷款,银行即可根据所抵押的票据,处理有关商品。根据这一理论,银行不能发放不动产贷款、消费贷款、长期设备贷款和农业贷款,更不能发放用于证券投资的贷款。在相当长的时期内,真实票据理论占据着商业银行资产管理理论的支配地位,对于自由竞争条件下银行经营的稳定起到了一定的作用。

8. ATS:即自动转账服务(automated transfer service account 的简称)是银行开办的一种业务,在客户的支票账户和 ATS 账户之间自动实行转账。支票账户内一定金额之上的余额将自动转入 ATS 账户,而客户签发的支票要求支付时,所需要的资金也会自动从 ATS 账户转入支票账户进行结算。这种服务实际上是把支票账户分成两部分:一个最低金额的支票账户和一个称之为 ATS 的储蓄账户。由于 ATS 账户不是支票账户,从法律上来讲它可以支付利息,这样就规避了支票存款不能支付利息的管制。

9. 信息不对称,逆向选择,道德风险:信息不对称,即交易的一方对交易的另一方不充分了解,这种信息的不平等称为不对称。由此将影响到交易双方的准确决策,这是金融市场上的一个重要现象。信息不对称的存在造成的问题可能发生在两个阶段:交易之前和交易之后。在交易之前,称为逆向选择,在交易之后,称为道德风险。

10. 业主—代理人问题:道德风险产生所谓"业主—代理人问题"。股权合约,如普通股,是分享公司盈利和资产的要求权。股权合约易受到被称为业主—代理人问题的道德风险的影响。拥有大部分公司股权的股东(称为业主)是同公司的管理者(作为业主的代理人)相分离的。这种所有权和控制权的分离所涉及的道德风险在于,掌握控制权的经理们(代理人)可能会按照他们自己的利益而不是股东(业主)的利益来行事,因为经理们利润最大化的动力没有股东们那么大。经理们为自己建造豪华办公室,或者驾驶价格昂贵的公司车,都是业主—代理人问题的具体体现。除了追求个人利益,经理们还追求能扩大其个人权利,但并不增加公司盈利能力的公司战略,如购买其他公司等。

11. 存款保险制度:一种金融保障制度,是指由符合条件的各类存款性金融机构集中起来建立一个保险机构,各存款机构作为投保人按一定存款比例向其缴纳保险费,建立存款保险准备金,当成员机构发生经营危机或面临破产倒闭时,存款保险机构向其提供财务救助或直接向存款人支付部分或全部存款,从而保护存款人利益,维护银行信用,稳定金融秩序的一种制度。

真正意义上的存款保险制度始于 20 世纪 30 年代的美国,当时为了挽救在经济危机的冲击下已濒临崩溃的银行体系,美国国会在 1933 年通过《格拉斯-斯蒂格尔法》,联邦存款保险公司(FDIC)作为一家为银行存款保险的政府机构于 1934 年成立,并开始实行存款保险,以避免挤兑,保障银行体系的稳定。

12. CAMEL 评级法:是一种常用的银行评价方法,指的是资本的充足率(capital)、资产质量(assets)、管理状况(management)、收益(earnings)和流动性(liquidity)。它可以比较全面地反映银行状况。

13. 存款性金融机构:是指以各类存款作为主要资金来源的金融机构,包括商业银行、储蓄贷款协会、互助储蓄银行、信用合作社和货币市场互助基金等机构。

非存款性金融机构:是指资金来源不是各类存款,而是自行发行证券的收入或某些社会组织或公众的契约性交款的金融机构,包括人寿保险公司、财产与灾害保险公司、私人和政府养老基金、投资银行和金融公司等机构。

14. MMMF:即货币市场互助基金,是 Money Market Mutual Fund 的缩写。它是一种与合作社性质类似的金融组织,靠出售自己的股份来获取客户的资金,然后投于货币市场,将投资所得扣除管理费后以一定方式返还给基金认购人。它是金融创新的一种形式,为小额投资者进入货币市场获取投资收益提供了一种方式。

MMDA:即货币市场存款账户,是 Money Market Deposit Account 的缩写。美国 1982 年银行法允许商业银行开设这种账户,最低开户金额为 2 500 美元,存款利率随市场利率调整,没有上限;若余额低于 2 500 美元,则利率按储蓄存款利率计算。该账户每日最多可使用 3 次支票,存户对象不限,个人、非盈利团体、工商均可开户。

15. NOW 账户:即可转让提款单账户,是 Negotiable Order of Withdrawal Accounts 的缩写。最早于 20 世纪 70 年代在美国出现,是在利率管制条件下,金融机构为竞争存款而设立的一种新型账户。它是一种可签发、可转让支付命令书(相当于支票)的付息账户,最高利率为 5.25%。它的建立打破了商业银行对经营活期存款的垄断地位。

16. 贷款承诺:是一种贷款安排。银行与客户之间订有合约,规定银行在一定时期内,按承诺利率发放一定额度的贷款。对于在规定的借款额度内客户未使用的部分,客户须支付一定的承诺费。

信贷限额:是贷款承诺的另一种形式。规定银行在一定时期的某种条件下发放贷款,直至协议的限额为止。

17. 资金缺口分析:资金缺口是指浮动利率资产与浮动利率负债之间的差额,一般用资金缺口来衡量一家银行净利息收益对市场利率变动的敏感性。当资金缺口为正,则利率与银行净利息收益呈同方向变动;当资金缺口为负,则利率与银行净利息收益反方向变动;当资金缺口为零,则净利息收益在整个利率周期内是固定不变的。

18. 资产负债利率敏感性管理:由于利率变动频繁,要求资产负债管理建立一个监督和控制银行利率敏感性程度的手段,这种管理即资产负债利率敏感性管理,一般采用银行的资金缺口来衡量一家银行净利息收益对市场利率变动的敏感性。

19. 存款法定准备金制度:又称部分准备金制度,是指国家以法律形式规定存款机构的存款必须按一定比例,以现金和在中央银行存款的形式留有准备的制度。

20. 法定准备金:是指存款机构按照国家法律规定,以在中央银行存款的形式作为准备的那部分存款准备金。

超额准备金:是指存款机构为了保持流动性、应付急需而留有的那部分准备金。在数量上,它等于总准备金减去法定准备金。

21. 存款乘数:存款机构的存款变动和准备变动之间存在着一种乘数或倍数关系,这个乘数或倍数就是存款乘数。

货币乘数:是指货币供应量对基础货币的倍数。

22. 基础货币:是指具有使货币总量成倍扩张或成倍收缩的能力的货币,由流通中现金和金融体系的存款准备金构成。

(四) 问答题

1. 简述大额可转让定期存单的内涵及特征。

答:可转让定期存单(CDs,Negotiable Certificate of Deposits)的特点是存单面额固定(10 万美元至 100 万美元),不记名,利率有固定也有浮动,存期 3 个月、6 个月、9 个月、12 个月不等。到期日之前,存单可以在二级市场上流通转让。可见,CDs 能够满足盈利性和流动性的双重要求。CDs 的最初发行对象是公司、企业,目的是为了规避政府对利率的管制以争取顾客而推出的。由于大额可转让定期存单没有联邦存款保险公司或联邦储蓄放贷保险公司保险,因此发行银行的财务状况、安全性和清偿能力、信誉在发行方面起到重要作用。

2. 请简述我国现行的贷款风险五级分类法。

答:我国现在的贷款风险分类方法为五级分类:

正常:能按合同按时足额偿还本息。

关注:尽管借款人当前有能力偿还,但存在可能影响清偿力的不利因素。

次级:借款人还款能力有明显问题,依靠其正常经营收入已无法保证按时足额偿还本息。

可疑:借款人无法足额偿还本息,即使执行抵押、担保也肯定会有损失。

损失:在采取所有可能的措施和一切必要的法律手段后,仍无法收回或只能收回极少部分。

这种分类有利于银行估计贷款的信用风险的大小,并据此计提专项呆账准备金。

3. 为什么信用证会成为使用最广泛的一种国际结算方式?

答:信用证结算是手续最为烦琐的一种国际结算方式,它的费用也比较高。然而,它的使用最为广泛。首先,它是一种银行信用,只要审单无误,开证行必须付款,而无论进口商是否付款。银行承担了第一付款责任。其次,交易双方的资金负担比较平衡,进口商在付款赎单之后就能提货,而出口商只要交单无误就可以得到贷款的议付。在此,结算业务和贷款业务结合起来,体现为出口商可以在出口方银行收到开证行贷款之前就得到支付。

4. 混业经营有何利弊? 你赞成在我国引入混业经营吗?

答:(1) 银行混业经营的优势体现在银行本身、客户和社会福利上。

① 从银行的角度看,混业经营有如下六方面的优势:一是规模经济和范围经济带来的成本优势。规模收益是指某一业务量越大,效率越高。而当不同的业务由一个机构来提供时,如果它的成本比多个机构来提供时的成本小,这就是范围经济。二是通过银行机构的扩大和向更多的客户提供更为全面的服务,银行可以获得经济集中的利益和竞争优势。三是混业经营通过提供全方位的金融服务,可以使信息和监督成本最小化。四是银行可以充分挖掘现有销售网络的资源潜力。银行有大量的客户基础,银行的各种金融服务很容易进入他们的生活。五是能够分散风险。混业经营能够分散风险,另外关系银行业务也有预警的作用,银行可以随时影响企业的经营方针以便确保自己的权益不受损害。六是多元化意味着银行与客户之间的关系更为牢固持久。当然这也有消极作用,即客户对一家银行的依赖性增大。

② 从客户角度看,客户将因此得到利益。与同一家金融机构打交道,搜寻信息、监督和交易成本都较低。如果银行混业经营带来了竞争效应,那么就会直接改善消费者福利,如效率的提高、价格的降低等。客户与银行关系的增强将促进银行服务的改善,因为消费者从一家银行转向另一家银行会给银行带来更大的业务损失。所以,如果银行通过业务多元化而获得规模收益或范围收益,消费者就能

分享竞争带来的利益。

③ 从社会福利角度看，首先对公共政策而言，混业经营可以促使现有机构提高效率，改变传统的行为方式；其次是金融机构可以选择最优的产品服务组合，能够最大限度地发挥竞争优势，从而提高整个金融体系的效率；再次是通过业务多元化，可以降低金融体系的风险。

（2）混业经营面临的潜在问题。

① 从银行自己来看，混业经营也不是没有问题，包括：第一，混业经营的范围收益在现实中常常难以物化，大量的实证研究并没有得出肯定的结论。第二，控制和开发多元化的业务在管理上有许多难题。机构的庞大将使管理上的官僚化情形十分严重，因此得到的可能不是规模经济、范围经济，而是规模不经济和范围不经济。第三，混业经营中，不同的业务单位有不同的传统和不同的运行机制，合在一起必然会有各种潜在冲突。第四，开拓一项新业务，如果新业务没有成功，旧的业务也可能被削弱。第五，新业务领域的失败，还会败坏传统业务的形象和声誉。第六，业务多元化导致了服务成本的提高。如果实行功能型监管，银行业务越是多元化，监管机构就越多，服务成本就越高。

② 从监管当局来看，以下几个问题是值得考虑的：一是风险问题。在混业经营里，一种业务的风险很容易传染给另一种业务，最后导致银行的破产倒闭。而银行破产的社会成本可能大于私人成本。二是非银行业务削弱银行集团问题。最后贷款人的作用会扩大到非银行业务上，这反过来就提出了竞争是否公平的问题，因为上述便利专业银行享受不到。三是破产的严重性问题。尽管混业经营不一定使破产的可能性增大，也许还会降低破产的风险，但是一旦破产，后果就会非常严重。因为牵扯的业务面很广，金融体系不同部门间甚至会交叉感染。四是监管能力问题。如果实行功能性监管，混业经营集多种业务于一身，各监督部门如何进行协调、谁牵头负总责等都需要妥善解决。五是复杂又不透明的经营结构问题，不利于有效监管。六是利益冲突和损害消费者利益问题。与此相联系的是消费者被锁定的问题，因为转向其他银行的交易成本太高。七是垄断损害

竞争问题。

(3) 对混业经营面临问题的另一种观点。

这种观点认为,对于混业经营的担心有些是不必要的,而有些则可以用其他更好的办法加以克服。可以把对混业经营的担心归结为两个方面:风险问题和垄断问题。

① 风险问题。可以分解成银行经营证券业务的风险、经营保险业务的风险。

银行经营证券的风险体现在两个方面:一是银行资金投资股市的风险;二是证券承销的风险。关于前一个方面,从多数实行分业经营的国家的经验来看,商业银行与投资银行的分离并没有影响银行向证券经纪人、证券自营商或证券附属机构的贷款,如美国格拉斯-斯蒂格尔法就没有禁止商业银行向证券商发放短期贷款。如果两种银行业务分离的同时又不禁止银行向证券公司贷款,商业银行仍然处在证券市场的变化莫测的风险之中。就后一方面而言,银行的证券承销业务不是增大了金融体系的风险,而是降低了金融体系的风险。承销证券的风险实际上比提供贷款的风险小。证券拥有广大的二级市场,证券销售前一般经过信用评级,并且在短时间内就可以售出,基本没有什么风险。而公司贷款既没有评级,又缺乏发达的二级市场,其流动性相对较差,风险更大。

银行兼营保险也未必会增大银行风险。保险业务的固有风险体现在保险经纪业务和承保业务上。经纪业务主要是收费业务,其销售技巧和服务方向与银行的其他业务紧密相关。在这类业务中由于银行仅仅充当代理人,基本上不存在安全和稳健问题。由于它不使用银行资本,因此这种业务对银行来说风险很小。保险承保业务则有一定的风险。保险承保历来是资本密集性业务,而且盈利水平不高。尽管保险承保存在风险,但这与银行其他业务的风险并无本质上的区别,承保保险的风险也不见得比以往的风险更大。所以,没有必要担心银行从事保险业务的风险问题。

混业经营的风险是否更大,要看不同业务单位的收益相关程度。相关程度越高,风险越大。其实,专业金融中介也可能有非常大的风险,因为它们的收益没有多元化。当它的主要业务暂时不景气或不断地衰落,就会面临生存问题。从这一点来说,专业金融中介的风险更大。

一般来说,专业化金融中介的规模相对小一些,因此,混业经营一旦破产对金融体系和社会造成的冲击要更大。但这更多的是与金融机构的规模有关,而不是与全能化有关。并且,历史经验提供了相反的例子。在美国 20 世纪 30 年代的银行危机中,混业经营的破产比例要比专业银行低,这是因为混业经营的非银行业务使其收益多元化了。20 世纪 80 年代后期的储蓄贷款协会危机的主要原因是存贷款的期限搭配不合理,特别是这些机构的贷款都是长期的固定利率贷款,而资金来源都是各种短期的浮动利率存款。在 20 世纪 80 年代当利率开始上升的时候,为了留住客户,储贷协会只得提高存款利率,结果利润急剧下降。对德国 20 世纪发生的三次大的银行危机的分析也表明,混业经营与金融危机之间并没有密切的关系。因此,专业化不意味着低风险,混业经营并非就是高风险。

② 垄断问题。

混业经营者可能滥用他们与客户之间的关系销售其他金融产品,即所谓的搭售问题。实际上,在西方发达国家,银行业竞争还是非常激烈的,因此混业经营依然面临竞争。而在竞争性市场条件下,搭售问题并不可怕。一般来说,要想搭售一种产品,企业必须在一种产品市场上处于支配地位或独占地位。特别是当两种产品是互补品,而获得第二种产品的交易成本和搜寻成本又比较高的时候,搭售会很普遍。而这在银行竞争日益激烈的情况下,几乎是不可能的。

5. 解决业主—代理人问题的方法有哪些?

答:解决业主—代理人问题的方法有:

① 监管。监管实际上是一种信息生产。对股东来说,防备这种道德风险的办法之一,就是进行一种特殊类型的信息生产来监督公司的活动:经常对公司进行审计,并检查经理在做什么。问题是,监管过程要花费大量的时间和金钱。并且,与逆向选择一样,由于存在搭便车问题,能够减少道德风险(业主—代理人问题)的信息生产量

减少了。在本例中,搭便车问题也弱化了监督。如果你知道其他的股东正在花钱监管你持有其股票的公司的活动,你就能搭这些股东的便车。你能这样做,其他的股东也同样能如此。结果没有人花费资源去对公司进行监管。

②债务合约。与股权合约相比,债务合约只要求借款人必须定期向贷款者支付固定的金额。当公司有较高利润时,贷款者收到契约性偿付款,而不需要确切知道公司的利润。只要经理的活动并不影响公司按时偿付债务的能力,贷款者就不必介意。只有当公司不能偿付债务,处于违约状态时,才需要贷款者来鉴审公司的盈利状况。所以,债务合约的信息监管的成本要低得多。

③金融中介。金融中介机构有能力避免道德风险中的搭便车问题。有一类叫做风险资本公司的金融中介机构,它将其合伙人的资金聚合起来,并运用这些资金帮助新生的企业启动它们的事业。公司将风险资本投放到新企业中,得到的是新企业的股份。鉴于鉴定收入和利润对于抵御道德风险有极端重要性,风险资本公司通常坚持委派若干自己的人进入这个公司的管理机构,成为董事会的成员,以便确切地把握公司的活动。当风险资本公司向企业提供了启动资金,企业的股份就不能卖给其他任何人,而只能卖给风险资本公司。这样,其他的投资者就不能搭风险资本公司鉴定活动的便车。这种安排的结果,是使风险资本公司获得了其鉴定活动的全部收益,从而有了适当的动力来弱化道德风险问题。

6. 存款保险制度有哪些优缺点?

答:对于银行存款者而言,信息不对称是一个基本的问题,他们难以确定银行资产的质量。一旦银行倒闭,存款者将蒙受损失。这种信息不对称可能导致银行恐慌。例如,某家银行由于资产经营不善导致大量亏损,资不抵债,面临倒闭;存款者为了收回自己的资金,会争相要求提款,因为银行是排队服务的,出于信息不对称,所有的存款者(或至少大部分)无法辨别哪一家银行的经营出了问题,于是经营良好的银行也可能面临挤兑,导致破产。

存款保险就是解决公众信心问题的手段。政府担保无论发生什么事情,存款者的资金都能够得到全额偿付。这样,存款者即使对银行的运行有所疑问,也不用赶着提款。因此,存款保险有效地抑制了银行挤兑现象和由此诱发的银行恐慌。

但是,存款保险在事实上加剧了道德风险。由于保险的存在,增加了对冒险的刺激,就像买了汽车保险的司机会更鲁莽地驾驶一样,由于存款者不会针对银行的经营状况,通过提款的方式给银行施加压力,结果银行反而不受约束,会冒更大的风险。并且,存款保险带来了逆向选择问题,即最想利用存款保险优点的银行正是那些最想进行风险活动的银行。

存款保险还产生了所谓"太大而不能倒闭"政策。由于大银行的倒闭对于整个金融体系而言破坏力太大,监管当局自然不希望大银行倒闭。这直接导致了大银行道德风险动机的增加。大银行从事高风险业务的可能性更大了,从而倒闭的可能性也更大了。并且,这对于中小银行而言是不公平的。

7. 银行解决信息不对称的方法有哪些?

答:银行如何解决信息不对称问题,使用的方法有:

① 信用审核。这是一种银行生产自己所需要的信息的活动。贷款市场上存在着逆向选择问题,要求银行将风险小的人从风险大的人们中筛选出来,从而使银行放款有利可图。为了进行有效的筛选,银行必须从每一位借款人那里收集到可靠的信息。有效地筛选和收集信息,是构成信用风险管理的一项重要原则。

当银行进行消费者贷款时(如汽车贷款或购房抵押贷款),首先将调查申请者的信用状况:工薪、银行账户、其他资产(如汽车、保险单和家具)、未清偿贷款、贷款记录、信用卡、应付账单、工作年限以及雇主、年龄、婚姻状况、子女数等。银行运用这些信息算出"信用点"。在此之上,银行再进行判断,决定是否发放这笔贷款。

当银行进行工商贷款时,其筛选和收集信息的过程大致与上述相同:收集有关企业损益(收入)以及资产和负债的信息,估量该企业或至少在还款期限内成功的可能性。因此,除了收集诸如销售之类的信息之外,银行还会询问诸如企业未来的计划、如何使用贷款以及行业竞争之类的情况,甚至会实地访问公司,以掌握第一手材料。

②　贷款专业化。指的是一些银行常常专门对当地企业,或者是某一特定的行业发放贷款。从某一角度来说,这种行为是不合理的,因为这意味着银行没有把它们的贷款组合分散化,从而使自己面临更多的风险。然而,从另一角度来看,这样专业化又是非常有道理的。由于存在着逆向选择问题,银行分辨风险高低是必要的。对于银行来说,收集当地企业的信息并确定它们的信用度,较之对一家遥远的企业做同样的事,要容易得多。同样,将自己的贷款集中于特定的行业,银行对这些企业会拥有更多的知识,从而更容易判断哪些企业具有按时偿还贷款的能力。

③　限制性条款。当贷款发出后,借款者就有从事那些可能会使贷款难以偿还的风险活动的动力。为了减少这种道德风险,银行必须坚持风险管理的原则,在贷款合约中写入限制借款者从事风险活动的条款(限制性契约)。通过对借款者从事的活动进行监控,审视借款者是否遵守限制性契约,一旦他们不执行则强制他们执行。这样,银行就能保证借款者不从事那些从银行角度来看有损于银行利益的风险活动。

④　与客户的长期联系。银行得到有关其借款人信息的另一条途径就是同客户们建立长期联系,这是信用风险管理的另一重要原则。与客户的长期联系,减少了收集信息的成本,因此,监控长期客户的成本就比监控新客户的成本低得多。同时,长期联系也能使客户受惠。一家与银行保持长期联系的企业将发现,它们能以低利率取得贷款,因为银行的信息监控成本很低。对于银行来说,长期的客户联系还有另一项好处。限制性契约不可能设想到所有的风险活动的可能,然而,如果一名借款者想同一家银行保持长期联系,以便其在未来较容易地以低利率取得借款,他将主动地规避风险活动。这样,与客户的长期联系,甚至可以使银行防范那些未预见到的道德风险。

⑤　贷款承诺。银行可以通过向商业客户提供贷款承诺,来创造长期联系和收集信息。所谓贷款承诺,就是银行同意在未来某一时

期中,以某种与市场利率相关联的利率,向企业提供某一限额之内的贷款的承诺。大部分工商业贷款都是在贷款承诺安排下发放的。这样做对企业的好处,就是当它需要贷款时便能得到。对银行的好处则在于,贷款承诺开创了一种长期联系,便利了它的信息收集工作。此外,提供贷款承诺,要求企业连续不断地提供其收入、资产和负债状况、经营活动等的信息,因此,贷款承诺安排是一种减少银行收集信息成本的有力手段。

⑥ 抵押和补偿性余额。对于贷款来说,抵押要求是信用风险管理的重要工具,因为抵押物弱化了逆向选择的后果。银行在发放工商业贷款时,所要求的一种特殊的抵押叫做补偿余额。在这种安排下,取得贷款的企业必须在其银行支票存款账户上保留某一最低规模的资金。例如,一家得到1000万元贷款的企业可能被要求在其银行支票账户上至少保留100万元的补偿余额。一旦企业违约,银行可用这100万元补偿余额来弥补部分贷款损失。

除了发挥抵押功能之外,补偿余额还将提高贷款偿还的可能性,因为它有助于银行进行监控,从而使道德风险降至最小。特别是,要求借款者使用其在该银行的支票账户,这家银行可以观察企业的支付活动,由此可以得到大量有关借款者财务状况的信息。例如,借款者支票账户余额的持续减少,可能说明它在财务上遇到了麻烦;其账户发生的变化可能说明借款者正在从事高风险活动;或者,供应商的变化意味着借款者正在从事一项新的经营活动。对银行来说,借款者支付过程的任何重要变化都提供了一个信号,促其去进行调查。所以,补偿余额安排使得银行能更容易地对借款者进行有效监控,因而它是信用风险管理的另一件重要工具。

8. 银行经营中面临的主要风险有哪些?

答:在银行经营中,一共面临如下几种风险:

① 信用风险,又称违约风险。这是对银行的存亡至关重要的风险。主要源于两种情况:一是存款者挤兑而银行没有足够的现金可以支付;另一种是贷款逾期不能归还,出现呆账、坏账,导致银行资产损失。

②市场风险,又称利率风险。这是一种因市场利率变化引起资产价格变动,或银行业务使用的利率跟不上市场利率变化所带来的风险。当市场利率上升时,银行持有现金的机会成本上升,原长期贷款由于利率相对下降蒙受损失,同时存款资金的成本也会上升;如果不提高存款利率,将面临存款流失。

③外汇风险,也称汇率风险。这是因汇率变动而出现的风险。主要又分为四种:一是买卖风险,源于外汇敞口头寸在汇率变化时出现损失的可能性;二是交易结算风险,源于已定的外币交易在实际交割之前所面临的风险;三是评价风险,是会计处理中汇率变动带来的损益不确定性;四是存货风险,指以外币计价的库存资产因汇率变动可能贬值。

④购买力风险,又称通货风险。这是因通货膨胀引起的货币贬值而带来的风险。银行作为借款者和放款者的统一,通胀带来的损益可以相互抵消,但不会完全抵消,因为存贷不会完全相等。同时,通胀导致实际利率下降,可能影响银行的资金来源。

⑤内部风险,又称管理风险。主要有:战略决策失误风险、新产品开发风险、营业差错风险、贪污盗窃风险,它们主要与经营管理不当有关。

⑥政策风险,也称国家风险。国家政府的更替、政策的变更都可能导致银行经营大环境的变化,可能直接影响到银行的效益。

在以上六种风险中,信用风险是时常发生的,市场风险在经济波动时较明显,外汇风险对于浮动利率下的有大量外汇业务的银行尤其重要,购买力风险体现在高通胀时期,管理水平低下的银行面临较大的内部风险,而政局动荡下的政策风险最为重要。

9. 如何理解盈利性、流动性和安全性的对立统一?

答:盈利性、安全性和流动性之间是既相互矛盾,又相互统一的。

盈利性和后两性呈反向变动,这种矛盾来源于具体的概念界定。盈利性本来是对利润的追求,这种要求越高,可能性越小,即风险越大,那么安全性、流动性也越低。后两性意味着期限短、易转让,显然,这使盈利性降低。

盈利性和后两性的统一体现在：其一,在某个范围内,三性可以达到某种可被接受的程度。在保本和资产较小可能损失的区间之内,三性可以都令人满意。其二,在一定条件下,盈利性和后两性可以同向变化。例如,得到政府担保或可靠保险的项目,盈利性和安全性都很高;对于行政干预要求支持,但经营管理水平又很低的企业贷款,其盈利性和后两性都很低。

安全性和流动性通常是统一的,安全性越高,流动性越大。不过在一定条件下,它们也会有反向变动的可能。例如,由政府担保的长期贷款,如果利率较高,那么虽然盈利性较高,但流动性不足。

源于三性的矛盾和统一,银行经营的总方针,就是谋求三性的尽可能合理的搭配协调。三性的相对地位是：盈利性为银行的目标,安全性是一种前提要求,而流动性是银行的操作性或工具性的要求。银行经营的总方针,就是在保证安全性的前提下,通过灵活调整流动性,来致力于提高盈利性。

10. 请说明负债管理理论的核心思想,并阐述购买理论和销售理论的主要内容。

答：负债管理理论认为,银行可以主动管理负债,银行通过积极的竞争去争取活期存款、定期存款和储蓄存款,以及向欧洲美元、联邦资金借款来影响资金来源。这种理论一改过去的方针,主动调整负债结构,强调借入资金来满足存款的提取和增加放款的需要,保持资金清偿能力和流动性,并获取最大利润。

负债管理理论的核心思想是,负债不是既定的,而是可以由银行加以扩张的,资金来源银行是可以控制的。要求银行经营重点从资产方面转向负债方面,千方百计去扩大负债的能力。认为银行一线准备和二线准备仍是银行流动性的重要组成部分,但同时也认为资金来源也是流动性的来源。

首先出现的是购买理论。在 20 世纪六、七十年代,滞胀并发,购买理论兴起,并得到银行界的普遍认同。购买理论认为,银行对于负债并非消极被动、无能为力,银行完全可以采取主动,主动地负债,主动地购买外界资金。变被动的存款观念为主动的借款观念,变消极的付息负债为积极的购买负债,这是购买理论的精髓。购买理论的主要内容是:银行购买资金的主要目的是增强流动性;资金的供应者是十分广泛的;抬高资金价格是实现购买行为的主要手段;面对日益庞大的贷款需求,通过购买,银行摆脱了存款数额的限制。

购买理论盛行一时,代表富于进取心和冒险精神的新一代银行家的崛起。购买理论被称为银行负债思想的创新、银行业的革命。然而,这种理论的效果也有两面性:一方面,商业银行更加积极主动地吸收资金,有助于信用扩张和经济增长,增强了商业银行的实力;另一方面,它又刺激商业银行片面扩大负债,盲目竞争,加重债务危机和通货膨胀。

到了20世纪80年代,出现了一种新的负债理论:销售理论。销售理论的主题是推销金融产品,它是在金融改革和金融创新风起云涌、金融竞争和金融危机日益加深的形势下产生的,它同以往的负债理论的显著不同之处在于,它不再单纯着眼于资金,而是立足于服务,创造形形色色的金融产品,为范围广泛的客户提供多样化的服务。银行是金融产品的制造企业,银行负债管理的中心任务是推销这些产品,从中既获得所需的资金,又获得应有的报酬。

销售理论的内容包括:客户至上,以客户的利益和需要作为银行的出发点和归宿。客户及其需要的多样性,要求金融产品的多样性。银行要善于通过服务途径,利用其他商品和劳务的配合,来达到吸收资金的目的;要依靠信息的沟通来推销产品;要把资产、负债两方面联系起来考虑设计金融产品。总之,销售理论贯穿的是一种市场概念。

11. 试述商业银行在国民经济中的作用。

答:金融体系是现代经济的重要组成部分,而作为金融体系主体的商业银行,更是在经济中发挥着多方面的重要作用。它的主要作用有:

① 充当信用中介。充当货币供应者与货币需求者之间的中介,是银行最基本的职能。一方面,它动员集中社会上各种暂时闲置的资金,作为银行的资金来源;另一方面,它再将集中起来的货币资金

放贷出去,投向需要资金的企业和部门,将闲置资金转换到生产用途中。这个职能对于提高全社会的资金使用效率,促进经济发展具有重大作用。

② 充当支付中介。银行可接受企业或客户的委托,办理货币与贵金属的保管等业务。银行为客户办理非现金结算,对于加快资金的流通、节省货币流通费用有很大的作用。

③ 创造信用流通工具。银行能创造出信用工具,执行货币支付手段和流通手段职能。银行最初创造的信用工具是银行券,在中央银行垄断货币发行权以后,纸币由中央银行发行。而后,银行产生的支票又逐步成为现代经济社会最主要的支付工具,在欧美经济发达的国家,经济交易约 90% 是以支票为支付工具的。目前,信用卡和"电子货币"等新的信用支付手段,地位日益重要。

④ 作为信用创造的主体。商业银行吸收的存款,在留足法定准备金与超额准备金之后,可以基于盈利的动机,利用剩余的准备金进行贷款或投资,形成存款的增加和信用的扩张。由于商业银行接受存款和提供各种金融服务的能力远远超过其他金融机构,所以在信用创造方面起着不可替代的主导作用。

⑤ 提供广泛的金融服务。商业银行利用自身的资源、技术、信息等方面的优势,可以开展广泛的金融服务,来满足不同层次的服务需求。例如,商业银行开展的代转工资、信息咨询、电脑处理等服务都超出了传统的资产负债业务范畴,既增加了自身的盈利,又可以借以扩张自身的资产负债业务。

12. 商业银行与政策性银行有哪些不同?

答:商业银行与政策性银行的不同主要体现在以下三个方面:

① 基本来源不同。政策性银行多由政府出资建立,业务上由政府相应部门领导。商业银行多采取股份制的形式,业务上自主经营、独立核算。

② 资金来源不同。政策性银行一般不接受存款,也不从民间借款。而商业银行以存款作为其主要的资金来源。

③ 经营目的不同。政策性银行是为了支持某些部门的发展而

专门成立的,不以盈利为目的,与相应的产业部门关系密切。而商业银行则以利润最大化为经营目的,业务范围广泛。

13. 比较单元银行制与分支银行制的优缺点,并就今后商业银行组织形式的发展方向提出你的看法。

答:(1) 单元银行制是指银行业务完全由总行经营、不设任何分支机构的银行制度,以美国为代表。

它的优点是:① 从经济上防止垄断,从而提高服务效率;② 促进当地经济的发展,使银行扎根于当地经济,不会把资金调走,与当地经济息息相关;③ 便于银行家与当地工商业者建立密切关系,可以降低贷款风险。

它的缺点是:① 不利于汇总结算,不利于资金在不同地点的划拨,只能通过银行之间的划拨来进行,从而使成本提高;② 容易造成资金浪费,因为分支行的分支机构保留的准备金可以少得多,总行可以在它们之间进行调节,但单元制银行需要保留更多的无收益的准备金,以应付意外的情况;③ 不利于从地理上消除风险,因单元制的银行与当地经济息息相关,当地经济陷入衰退时,银行不能通过资金在地理上的划拨来减少风险;④ 不利于银行规模扩大,享有"规模经济"。

(2) 分支银行制是指银行在大城市设立总行,在本市、国内,以至国外普遍设立分支行的银行制度。

它的优点是:① 便于资金在银行的分支行间进行划拨,有利于汇兑结算;② 在现金准备的运用上,各分支行间可以相互协调,从而提高资金使用效率;③ 由于放款与投资分散于各地,符合风险分散的原则,银行安全性大大提高;④ 银行规模可以按业务发展扩大,可以实现"规模效益"。

它的缺点是:① 容易产生垄断,从而不利于提高服务效率;② 由于是分级管理,自上而下和自下而上的信息反馈、决策传递都会受到影响,所以管理效率不高;③ 当地经济发生困难时,银行容易把当地分支行的资金转移到他处,从而不利于当地经济稳定与发展。

综上所述,单元银行制与分支银行制各有其优势与不足。随着经济的发展,地区经济联系的加强,金融业竞争的加剧,单元银行制已逐渐不能适应银行业发展的需要,以单元银行制为特点的美国,逐渐冲破束缚,银行分支机构趋向增长,许多州也先后废止或修改了禁设银行分支机构的法律。目前,由单元银行制向分支银行制的转变已经成为一种趋势。

14. 商业银行的负债项目主要包括哪些? 商业银行如何扩大自身的负债能力?

答:(1) 负债业务是商业银行最基本和最主要的业务,它是银行的资金来源,是银行经营的基础。商业银行的负债主要由存款和其他负债构成。

① 活期存款。活期存款是可以签发支票并根据需要提取的存款,它是商业银行的重要资金来源,也是商业银行创造信用的重要条件。

② 交易账户。交易账户是指可以通过支票、股金提款单或电子设备随时提款的存款,它只对消费者和非营利组织开放,一般商业企业必须使用活期存款。在美国,交易账户包括:A. 可转让提款单账户;B. 股金提款单账户;C. 自动转账服务;D. 货币市场存款账户。

③ 储蓄存款。储蓄存款多是个人为积蓄货币和取得利息收入而开立的存款账户,一般使用存折,不能使用支票。

④ 定期存款。定期存款是指在存入银行便规定了存款期限,一般不能提前支取的存款。近年来,定期存款的创新形式包括:A. 定期存款开放账户;B. 可转让定期存单;C. 消费者存单;D. 货币市场存单。

⑤ 非存款性负债。它是指商业银行在存款之外的各种借入款,作为短期或长期的资金来源。它包括:A. 银行同业拆借;B. 向中央银行借款;C. 回购协议;D. 欧洲美元借款;E. 银行持股公司发售的商业票据。

(2) 商业银行为了扩大自身的负债能力,应当注意从以下几个方面做起:

① 保持良好的信誉。在激烈竞争的经营环境当中,信誉是银行生存和发展的关键。商业银行应十分注重自身在客户中的形象,在

任何时候,随时满足客户提款和合理借款的需要都是商业银行最起码的业务要求。

②　实现服务的多样化。一般来说,能提供多样化金融服务的商业银行在存款竞争中能取得优势。多样化的服务对客户来说意味着更多的方便,对银行来说则可以带来存款的增加。全面性的服务,在现代经济中已成为客户选择银行的重要条件。

③　维持良好的人际关系。在众多的因素中,与客户的关系是十分重要的。在激烈的存款竞争中,职员的礼貌、热情、周到的服务能对客户心理产生极大影响。

④　实行有竞争力的利率和服务费用。利率与服务费用的高低意味着客户的收益与成本的多少,因此是影响存户选择银行的重要因素。在存在利率限制的情况下,银行要特别注意采用降低服务费用、提供更周到的服务等方式来竞争。

⑤　在便利的位置选址经营以及完备服务设施。存户一般倾向于在附近银行存款,因此,在人口稠密的交通中心设立网点将会吸收到更多的存款。另外,服务设施的完备能极大地方便客户,从而对存户有更大的吸引力。

15. 什么是商业银行的投资业务？商业银行为什么要进行投资业务？进行投资业务应当注意哪些问题？

答：商业银行的投资业务是指银行购买有价证券的活动。投资是商业银行的一项重要的资产业务,是银行收入的主要来源之一。

（1）商业银行从事投资业务的主要目的有：

①　获取收益。银行通过证券投资可以获取收益,从而增加自身的收入。

②　保持流动性。现金资产具有高度的流动性,但却不能带来收益。银行保持一部分可销售性强的短期证券,既能带来收益,又可以随时出售,以满足银行的资金需求。

③　实现资产多样化,以降低风险。商业银行可以购买各种不同对象、不同地区的证券,用来分散资金风险。

④　为银行提供一种逆经济周期的调节手段。当贷款扩大时,银

行可卖出证券,扩大贷款;当贷款需求疲软时,银行可以买入证券,从而有助于稳定银行收入。

(2)商业银行在进行证券投资时应注意以下两点:

① 投资的有价证券应保证高质量。证券的高质量是指有价证券流动性高、信誉良好、收益较高。这是进行证券投资的前提条件。

② 投资的有价证券应保证分散性。一是证券种类应分散,银行投资于多样化的证券组合有利于降低投资风险。二是证券到期日应分散,银行能够避免投资风险,并保证取得投资收益。

16. 什么是商业银行的中间业务? 有哪些中间业务? 商业银行为什么要开展中间业务?

答:(1)商业银行的中间业务是银行不需动用自己的资金,而利用银行设置的机构网点、技术手段和信息网络,代理客户承办收付和委托事项,收取手续费的业务。这些业务主要有:

① 汇兑业务。这是一种非现金结算方式。客户将一定款项交付银行(承兑行),再由银行代客户将现款汇至异地指定的收款人。

② 租赁业务。银行租赁业务是指银行垫付资金购买商品再出租给承租人,并以租金的形式收回资金的业务。它可以分为金融租赁与经营租赁两种形式。

③ 信托业务。信托是指接受他人委托与信任,代为管理营运、处理有关钱财的业务活动。银行的信托业务包括个人信托、法人信托以及保管业务。

④ 信息咨询。银行利用自身的设备、人员、信息优势,可以向顾客提供有关财务、金融、经济等方面的信息咨询。

(2)商业银行开展中间业务,有以下几个原因:

①是为了适应银行发展的需要。商业银行的业务不能局限于传统的资产负债业务,随着经济发展,银行必须拓宽自身的业务领域。

② 是为了提高商业银行的盈利水平。据统计,20 世纪 90 年代以来,西方国家商业银行中间业务盈利一般可达到总利润的 60%—70%。开展中间业务,提高盈利水平,使盈利结构多样化,又成为现代商业银行发展的一大趋势。

③ 有利于扩展资产负债业务。中间业务的开展便利了客户，有利于扩大传统业务，例如发行信用卡，既有手续费收入，又可以增加低成本的活期存款。

④ 是为了适应同业竞争的需要。面对日益激烈的银行同业竞争，商业银行需要进行金融创新，而许多金融创新工具属于中间业务的范畴。

⑤ 有利于提高银行的知名度，从而有利于吸引更多的客户。

⑥ 是走向国际金融市场，参与国际竞争的需要。发展中间业务可以提高自身竞争能力，顺应国际银行业发展的潮流，使自身在变幻莫测的国际金融市场上占有一席之地。

17. 什么是商业银行的表外业务？有哪些表外业务？表外业务与中间业务有何异同？

答：(1) 表外业务(off-balance sheet activities)，是指商业银行从事的，按通行会计准则不列入资产负债表内，不影响其资产负债总额，但能影响银行当期损益的经营活动。这些业务虽然不出现在资产负债表中，但却同表内的资产业务和负债业务关系密切，并在一定条件下会转为表内资产业务和负债业务，因此我们也称其为或有资产和或有负债。对于银行来说，它们是有风险的经营活动，应当在会计报表的附注中予以揭示。广义的表外业务则除了包括狭义的表外业务，还包括结算、代理、咨询等无风险的经营活动，所以广义的表外业务是指商业银行从事的所有不在资产负债表内反映的业务。通常我们所说的表外业务，主要指的是狭义的表外业务。近年来，随着金融自由化的推进，商业银行的表外业务获得了长足的发展，并逐渐成为银行的主要盈利来源。

(2) 通常的表外业务(狭义的表外业务)包括以下五种：

① 担保业务。是指银行应某一交易中的一方申请，承诺当申请人不能履约时由银行承担对另一方的全部义务的行为。担保业务不占用银行的资金，但形成银行的或有负债，当申请人(被担保人)不能及时完成其应尽的义务时，银行就必须代为履行付款等职责。银行在提供担保时，要承担违约、汇率等多项风险，因此是一项风险较大

的表外业务。常见的担保业务主要有：备用信用证、商业信用证等。

② 票据发行便利。是一种具有法律约束力的中期周转性票据发行融资的承诺。根据事先与商业银行签订的一系列协议，借款人可以在一个中期内（一般期限为 5 至 7 年），以自己的名义周转性发行短期票据，从而以较低的成本取得中长期的资金融通效果。承诺包销的商业银行依照协议负责承购借款人未能按期售出的全部票据，或承担提供备用信贷的责任。包销承诺为票据发行人提供了转期的机会，从而有力地保障了企业获得资金的连续性。

③ 金融衍生工具交易。主要有远期利率协议（forward rate agreement，FRA）、互换（swaps）、期货（futures）、期权等。

④ 贷款承诺。贷款承诺（loan commitment）是银行与借款客户之间达成的一种契约，银行承诺在一定期限内，按照双方约定的金额、利率，随时准备应客户的要求向其提供信贷服务，并收取一定的承诺佣金。贷款承诺的类型有很多，通常包括：定期贷款承诺、备用承诺、循环承诺等。

⑤ 贷款出售。贷款出售（loan sales）是指商业银行一反形成和持有贷款的传统经营哲学，开始视贷款为可销售的资产，在贷款形成以后，进一步采取各种方式出售贷款债权给其他投资者，出售贷款的银行将从中获得手续费收入。

（3）银行的中间业务是银行利用自身在机构网点、技术手段和信息处理等方面的优势，代理客户承办收付和委托事项，并收取手续费的业务。它不需要动用银行自己的资金，且具有收入稳定、风险度低的特点，集中体现了商业银行的服务性功能。商业银行的中间业务和表外业务之间既有联系，又有区别。

它们的联系主要有两点：① 两者都不在商业银行的资产负债表中反映，两者的业务也大多不占用银行的资金，银行在当中充当代理人、客户委托人的身份；② 收入来源主要是服务费、手续费、管理费等。

它们的区别主要也有两点：① 中间业务更多地表现为传统业务，而且风险较小；表外业务则更多地表现为创新的业务，风险较大，这些业务与表内的业务一般有密切的联系，在一定的条件下还可以转化表内的业务,所以也称或有资产、或有负债。表外业务有时也会占用银行的资金,其最大的特点是该业务的收益可能很大,而风险也可能很大。②银行对两者所承担的风险不同。在中间业务中,银行一般仅处在中间人或服务者的地位,不承担任何资产负债方面的风险;而表外业务虽然不直接反映在资产、负债各方,即不直接形成资产或负债,但却是一种潜在的资产或负债,在一定条件下,表外业务可以转化为表内业务,因此,银行要承担一定的风险。

18. 商业银行的经营方针是什么? 怎样理解这些方针既有统一的一面又有矛盾的一面?

答:商业银行的经营方针是"三性方针",即盈利性、安全性和流动性。

① 盈利性。盈利是银行经营的基本目的,能否盈利关系到银行的生存和发展,是银行从事各种活动的动力所在。如果不能盈利,股东权益将会受到损害,银行的信誉与实力也将大为下降,甚至破产。银行的一切经营活动都要服务于盈利这一目标,这是由商业银行的性质所决定的。

② 安全性。是指商业银行在经营中,使资产免遭风险的程度。银行在经营活动中会遇到许多风险,如违约风险、市场风险、外汇风险、管理风险等。商业银行不能只顾追求利润而忽视其资产安全,银行承担的风险过大,除了危及自身的资产以外,还会失去信誉以及客户,从而危及银行的生存。

③ 流动性。商业银行的资金来源主要是存款,因此,银行能否做到要求即付,是银行信誉高低的主要标志。同时,银行对客户提出的正常贷款要求,也应予以满足,否则,在激烈的竞争环境中,可能会永远丧失这个客户。因此,银行必须保持一定的流动性资产。

然而,这三项原则在银行的经营过程中经常会发生矛盾。例如,收益性较高的资产,往往安全性和流动性较低,而安全性和流动性较好的资产,往往又收益很低。银行应当在兼顾三者的基础上,平衡这三者之间的关系,达到这三个目标的最佳组合。

19. 试评述各种商业银行资产管理理论的背景、内容以及各自的优点与局限。

答：资产管理理论认为，银行的利润来源主要在于资产业务，银行能够主动地加以管理的也是资产业务，而负债则取决于客户是否愿意来存款，银行对此是被动的。因此，银行经营管理的重点在资产方面，着重于如何恰当地安排资产结构，致力于在资产上协调盈利性、安全性、流动性的问题。在这种理论思想指导下，相继出现了"真实票据说"、"资产转移说"、"预期收入说"等理论，为拓展银行资产的经营领域奠定了理论基础，并发展出了一系列资产管理的办法。

① 真实票据论。这种理论源于亚当·斯密 1776 年发表的《国民财富的性质和原因的研究》一书，盛行于 20 世纪 20 年代以前。它的理论背景是：A. 当时的金融市场不发达，应急举债措施不完善；B. 商业银行可以选择利用的金融资产太少。在这种背景下，该理论提出，银行的资金来源主要是同商业流通有关的活期存款，为了保证随时偿付提存，银行必须保持较多的流动资产，因此只宜发放短期的与商品流通相联系的商业贷款。这种贷款必须以真实的票据为抵押，一旦企业不能偿还贷款，银行即可根据票据处理有关商品。根据这一理论，银行不能发放长期贷款。在自由竞争资本主义条件下，这种理论对于银行经营的稳定起到了一定作用。它的缺陷在于，缺乏对于活期存款的相对稳定性的正确认识，而活期存款的相对稳定性为商业银行发放长期贷款奠定了基础。

② 转移理论。这种理论盛行于第一次世界大战之后。它的理论背景是：A. 当时的金融市场有了进一步的发展和完善，金融资产流动性加强；B. 商业银行持有的国库券增加，具备了可以迅速转让变现的资产。在这种条件下，该理论认为，银行在解决其流动性问题时，可以掌握大量的可以迅速转让的资产，其余的资金可以投入到收益较高的项目上。这种理论为银行的证券投资、不动产贷款和长期贷款打开了大门，使商业银行在经营中资产的选择增加了，初步实现了资产多样化。它的缺陷在于，商业银行要依靠金融市场来提供稳定的资产，这使商业银行同市场的联系更加密切，从而容易受到市场波动的影响。

③ 预期收入理论。这种理论产生于第二次世界大战以后。它的背景是：A. 随着经济的发展，产生了多样化的资金需求，不仅短期贷款需求有增无减，而且产生了大量的设备和投资贷款需求，消费贷款需求也在增长；B. 转移理论突破了银行只能发放短期贷款的限制，为转变资产管理思想奠定了基础。该理论认为，发放贷款的依据应当是借款者的未来收入。若未来收入有保障，长期贷款与消费信贷都会保持一定的流动性和安全性；反之，若未来收入无保障，短期贷款也有偿还不了的风险。根据这种理论，银行资产可以不受期限以及类型的影响，只需注重预期收入即可。在这种理论影响下，战后的长期贷款、消费信贷等资产形式迅速发展起来，成为支撑经济增长的重要因素。它的缺陷在于，衡量预期收入的标准本身难以确定，使贷款的风险增高。

④ 超货币供给理论。20世纪五、六十年代以后，随着货币的多样化，金融机构之间的竞争也越来越激烈。银行的信贷市场日益蒙受竞争的压力，银行再也不能就事论事地提供货币了。该理论认为，银行信贷提供货币只是达到它经营目标的手段之一，除此之外，它不仅有多种可选择的手段，而且有广泛的目标，因此，银行资产管理应当超越货币的狭隘眼界，提供更多的服务。根据这一理论，银行积极开展了咨询、项目评估、市场调查、委托代理等多方面的配套业务，使银行资产管理达到了前所未有的广度和深度。在非金融企业侵入金融领域的时候，超货币供给理论使银行获得了与之抗衡的武器，改善了银行的竞争地位。

20. 什么是信用评估的6C原则？

答：银行在运用资金时，必须对债务人的资信和投资项目的盈利前景进行充分评估，然后择优授信。西方各国银行在实践的基础上，形成了一套完善的信用评估原则，称为"6C"。

① 品德(character)。它主要考察借款人是否具有清偿债务的意愿以及是否能够严格履行合同条件，还款的愿望是否强烈，是否能够正当经营。无论借款者是个人还是公司，其履行合同条款的历史记录，在评价其品德情况上，具有非常重要的意义。

② 能力(capacity)。它主要是指借款人的偿还能力。偿还能力用借款者的预期现金流量来测定。

③ 资本(capital)。它是指借款者的货币价值,通常用净值衡量。资本反映借款者的财富积累,并在某种程度上表明了借款者的成就。需要注意的是,账面价值有时不能准确反映市场价值。

④ 担保或抵押品(collateral)。是指贷款申请者可以用作担保贷款抵押品的任何资产。当贷款者无法偿还到期贷款时,银行可以根据协议处置该抵押资产,获得收入以抵偿贷款。

⑤ 环境条件(condition)。是指厂商得以在其中运营的经济环境或贷款申请者的就业环境。必须将厂商经营所面临的经济环境,整个贷款使用期间的经济规划,以及使借款者对经济波动特别敏感的任何特征都包括在信用评估分析之内。

⑥ 连续性(continuity)。事业的连续性,是指借款企业持续经营的前景。现代科技飞速发展,产品更新换代的周期越来越短,产业结构的调整也日趋迅速,市场竞争异常激烈。企业只有适应经济形势以及市场行情的变化,才能继续生存发展下去。只有这样,银行的贷款才能如愿收回。

21. 商业银行何以有信用创造能力? 影响商业银行信用创造的因素是什么?

答:在金融体系中,商业银行与其他金融机构的基本区别在于商业银行是唯一可以经营活期存款(支票存款)的机构。活期存款是货币的重要组成部分,商业银行通过经营活期存款,又创造出派生存款,从而创造了货币,这个过程称为信用创造。

现代银行采用部分准备金制度和非现金结算制度是商业银行信用创造的基础。部分准备金制度是指根据法律规定,商业银行须将存款的一定比例交存中央银行作为准备的制度。留存法定准备金之后,其余部分可用于放款。若准备率是100%,则商业银行不可能有资金用来创造存款。在部分准备金制度下,准备比例越大,信用创造的规模越小;准备比例越小,信用创造的规模越大。

在非现金结算制度下,人们无需用通货进行支付。如果完全用现金结算,银行就不可能以转账形式去发放贷款,一切贷款必须付现,则产生不出派生存款,银行也就没有创造信用的可能。所以,非现金结算制度也是商业银行创造信用的前提条件。

为了便于说明商业银行体系是如何创造信用的,我们假定:① 银行体系由中央银行及多家商业银行组成;② 活期存款的法定准备率 r_d 为20%;③ 准备金由库存现金及在中央银行的存款组成;④ 公众不保留现金,并将一切货币收入都存入银行体系;⑤ 各商业银行都只保留法定准备金而不持有超额储备,准备以外的资金均用于贷款或投资。

假设客户A向中央银行出售证券获得 10 000 元,并以活期存款的形式存入甲银行。甲银行按20%的准备率留出 2 000 元的准备金后,将余下的 8 000 元全部贷出。经过接受存款和发放贷款这两次交易后,甲银行的T式资产负债表如表 4-1 所示。

表 4-1　甲银行　　　　　　(单位:元)

资　产		负　债	
准 备 金	2 000	客户 A 活期存款	10 000
未偿贷款	8 000		
总　计	10 000	总　计	10 000

假定甲银行将 8 000 元贷给客户B,B以这 8 000 元全部用来向C购买商品,C将收到的 8 000 元存入乙银行。同样,乙银行按20%的准备率留出 1 600 元的准备金,而将余下的 6 400 元全部贷出去。乙银行的资产负债表如表 4-2 所示。

表 4-2　乙银行　　　　　　(单位:元)

资　产		负　债	
准 备 金	1 600	客户 C 活期存款	8 000
未偿贷款	6 400		
总　计	8 000	总　计	8 000

　　假定乙银行将 6 400 元贷给客户 D,而 D 又全部用来购买……
这个过程可以无限进行下去。在这个过程中,每一家银行都在创造
存款,若活期存款最初增加 ΔB,那么经过商业银行系统的扩张以后,
其活期存款总额增加为

$$\Delta D = \frac{1}{r_d} \Delta B。$$

　　在现实中,由于诸多因素的存在,存款乘数并非 $1/r_d$ 这样简单,
在考虑到这些因素的情况下,存款乘数变为 $d = 1/(r_d + e + k + t \times r_t)$,其中 r_d, e, k, t, r_t 分别代表法定准备率、超额准备率、现金漏损
率、非个人定期存款比率以及非个人定期存款的准备率。

　　由上式可以看出,r_d, e, k, t 及 r_t 都是影响商业银行信用创造规
模的因素。在经济生活中,由于财富和利率是决定 e, k 和 t 的因素,所
以它们也影响着商业银行信用创造的规模大小。

　　22. 简述 1988 年《巴塞尔资本协议》与 2005 年《新巴塞尔资本协
议》的主要内容。

　　答:《巴塞尔资本协议》是世界各国银行监管中普遍采用的准
则。从 1988 年的《巴塞尔资本协议》(*The Basel Capital Accord*)的
正式通过,再到 2005 年《新巴塞尔资本协议》(*The New Basel Cap-
ital Accord*)的实施,《协议》始终代表着最先进的风险管理技术和监
管理念与实践。

　　(1) 1988 年的《巴塞尔资本协议》主要有四部分内容:① 资本的
分类;② 风险权重的计算标准;③ 1992 年资本与资产的标准比例和
过渡期的实施安排;④ 各国监管当局自由决定的范围。其中前两部
分是协议的重点,体现了其核心思想。首先是资本的分类,也就是将
银行的资本划分两极:一级为核心资本,包括银行股权资本;二级资
本为附属资本,包括贷款损失准备金和次级债务(指在支付了存款人
和债券持有人之后才支付的债务)等。其次是风险权重的计算标准,
报告根据资产类别、性质以及债务主体的不同,将银行资产负债表的
表内和表外项目划分为 0%,20%,50% 和 100% 四个风险档次。风
险权重划分的目的是为衡量资本标准服务。有了风险权重,报告所

确定的资本对风险资产8%（其中核心资本对风险资产的比重不低于4%）的标准目标比率才具有实实在在的意义。可见，《巴塞尔资本协议》的核心内容是资本的分类。也正因为如此，许多人直接就将《巴塞尔资本协议》称为资本充足率协议。

（2）《新巴塞尔资本协议》适用于并表基础上的各层次的各类国际活跃银行以及并表基础上的银行集团的控股公司。协议由三大支柱组成：一是最低资本要求；二是监管当局对资本充足率的监督检查；三是信息披露。① 最低资本要求。新协议延续了以资本充足率为核心的监管思路，将资本金要求视为最重要的支柱。根据新协议的要求，有关资本比率的分子（即监管资本构成）的各项规定保持不变。同样，8%的最低比率也保持不变。新协议的修改重点体现在对风险资产的界定方面，即修改反映银行各类风险的计量方法。② 监管部门的监督检查。《新巴塞尔资本协议》强化了各国金融监管当局的职责，强调银行和监管当局都应提高风险评估能力，并提出了较为详尽的配套措施。③ 市场约束。这是前两个支柱的补充。新协议更多地从公司治理的角度来看待银行，强调以市场的力量来约束银行。使市场纪律发挥作用的重要手段就是制定一套信息披露规定，以便市场参与者掌握有关银行的风险轮廓和资本水平的信息。

23. 影响货币乘数的因素有哪些？

答：货币乘数是货币供应量对基础货币的倍数。

中央银行的基础货币 H 包括商业银行准备金 R 和公众持有的通货 C，即 $H = R + C$；根据活期存款总量与基础货币之间的关系，可知银行系统的活期存款总量为：$D_d = \left(\dfrac{1}{r_d + r_t \times t + e + k} \right) \times H$。以 M_1 表示狭义货币供应量，根据定义有 $M_1 = D + C$。由于 k 是公众手持现金的比率，得 $C = kD$。故有 $M_1 = D + C = \left(\dfrac{1+k}{r_d + e + k + r_t \times t} \right) \times H$，其中 $\dfrac{1+k}{r_d + e + k + r_t \times t}$ 为货币乘数，用 m 来表示。由此可见，m 的大小受 r_d，e，k，t 及 r_t 的影响。随着经济条件的变化，货币乘数也会有所变化。银行愿意持有的超额准备金的比

率,一方面取决于银行用这些超额准备金投资所能取得的利率;另一方面取决于银行预期持有这些准备金所能获得的收益。而公众愿意持有的现金对活期存款的比率取决于持有现金的机会成本,即取决于证券收益率及存款的隐含收益和名义收益。此外,收入或财富的变化也会影响 k 的值。非个人定期存款比率取决于定期存款利率与活期存款收益及证券收益之比,也与财富多少有关。因此,收入、财富和利率是决定 e、k 和 t 的因素,从而也是决定货币乘数的因素。

(五) 计算题

1. 某银行接到一客户的要求,贴现一个月后到期的面值为 20 万的零息票债券,贴现率为 8.4%(年息),请计算贴现利息和实际贴现利率。

解　贴现利息=200000×8.4%×30/360=1400。

实际贴现利率=1400/(200000-1400)×360/30=8.46%。

2. 某国商业银行体系共持有准备金 300 亿元,公众持有的通货数量为 100 亿元。中央银行对活期存款和非个人定期存款规定的法定准备率分别为 15% 和 10%,据测算,流通中的现金漏损率为 25%,商业银行的超额准备率为 5%,而非个人定期存款比率为 50%。试求:

(1) 活期存款乘数与货币乘数(这里的货币指狭义货币 M_1);

(2) 狭义货币供应量 M_1。

解　(1) 存款乘数=1/(0.15+0.05+0.25+0.5×0.10)=2;

货币乘数=(1+0.25)/(0.15+0.05+0.25+0.5×0.10)=2.5;

基础货币=300+100=400;

(2) 狭义货币供应量=2.5×400=1000。

第五章　中　央　银　行

第一节　习　　题

(一) 判断题

1. 日本的银行属于国家所有的中央银行。(　　)

2. 1948 年建立的中国人民银行是我国最早以立法形式成立的中央银行。(　　)

3. 所有的国家都有专门设立的中央银行。(　　)

4. 同时要实现所有货币政策目标是非常困难的,因此一个国家应长期把一个到两个目标作为货币政策的主要目标。(　　)

5. 1844 年,英国国会通过《国民银行法》,规定英格兰银行作为唯一的货币发行银行,将英格兰银行分成发行部和银行部两个部分,奠定了现代中央银行组织的模式。(　　)

6. 1957 年,联邦德国建立德意志联邦银行,这是国家直接投资创建的中央银行。(　　)

7. 中央银行国有化已成为一种发展趋势,西方主要国家中,中央银行为国有的有美、英、法、德、荷等国。(　　)

8. 美国的联邦储备体系享有较大的独立性,主要表现在其直接向国会报告工作,会计受国会审核,向国会负责,不受总统和财政部的制约。(　　)

9. 中央银行购买设备和购买政府证券一样使商业银行的准备

金减少。（　　）

10. 货币政策中间目标的可测性,是指中央银行通过对各种货币政策工具的运用,能对该金融变量进行有效的控制和调节,能够较准确地控制金融变量的变动状况及其变动趋势。（　　）

11. 货币学派主张制定"货币规则"代替"相机抉择",即中央银行应长期一贯地维持一固定的或稳定的货币量增长率,而不应运用各种权力和工具企图操纵或管制各种经济变量。（　　）

12. 中央银行的公开市场业务都是在二级市场,而并非一级证券市场进行的。（　　）

(二) 选择题

1. 下列中,是中央银行的负债的有：_____。

A. 联邦储备券　　　　　　　B. 贴现贷款

C. 证券　　　　　　　　　　D. 特别提款权凭证账户

2. 中央银行逐步发展完善的时期为_____。

A. 16 世纪初到 18 世纪末

B. 19 世纪中到 20 世纪 30 年代

C. 17 世纪中到 19 世纪 40 年代

D. 二战以后

3. 德意志中央银行_____。

A. 独立性较大　　　　　　　B. 独立性稍次

C. 独立性较小　　　　　　　D. 基本上没有独立性

4. 下列中,不是货币政策的目标的有：_____。

A. 稳定物价　　　　　　　　B. 充分就业

C. 经济增长　　　　　　　　D. 保持国际收入顺差

5. 下列中,不是间接信用控制工具的有：_____。

A. 优惠利率　　　　　　　　B. 存款利率的最高限额

C. 证券保证金比率　　　　　D. 房地产信贷管制

6. 中央银行的产生_____商业银行。

A. 早于　　　　B. 晚于　　　　C. 同时　　　　D. 有赖于

7. 下列西方的中央银行中,按其独立性程度不同分类,属于独立性较小模式的是：_____。

  A. 美国联邦储备体系   B. 日本银行

  C. 英格兰银行   D. 意大利银行

  8. 中央银行是国家的银行,它代理国库,集中_____。

  A. 国库存款   B. 企业存款

  C. 团体存款   D. 个人存款

  9. 中央银行在经济衰退时,_____法定存款准备率。

  A. 调高   B. 降低

  C. 不改变   D. 取消

  10. 中央银行若提高再贴现率,将_____。

  A. 迫使商业银行降低贷款利率

  B. 迫使商业银行提高贷款利率

  C. 使商业银行没有行动

  D. 使企业得到成本更高的贷款

  11. 在下列针对中央银行资产项目的变动中,导致准备金减少的是：_____。

  A. 央行给存款机构贷款增加

  B. 央行出售证券

  C. 向其他国家中央银行购买外国通货

  D. 中央银行代表财政部购买黄金,增加金证券储备

  12. 在下列针对中央银行负债的变动中,使商业银行体系准备金增加的是：_____。

  A. 财政部在中央银行的存款增加

  B. 外国在中央银行的存款增加

  C. 流通中的通货减少

  D. 其他负债的增加

  13. 在下列银行中,_____不同于其他三者。

  A. 英格兰银行   B. 东京-三菱银行

  C. 中国银行   D. 花旗银行

  14. 下列中央银行的行为和服务中,体现其"银行的银行"的职

能的是：_____。

　　A. 代理国库　　　　　　　　B. 对政府提供信贷

　　C. 集中保管商业银行现金准备　D. 发行货币

　15. 在中央银行的初创时期，最早设立的中央银行是：_____。

　　A. 英格兰银行　　　　　　　　B. 美国联邦储备体系

　　C. 瑞典里克斯银行　　　　　　D. 德意志联邦银行

（三）名词解释

1. 准中央银行

2. 基础货币

3. 超额准备率

4. 最后贷款人

5. 货币供应量层次

6. 货币发行的外汇准备制度

7. 联邦基金利率

8. 公开市场业务的防御性操作

9. （央行资产负债表的）在途资金

10. 操作目标

11. 中间目标

12. 行动时滞

13. 信用配额

14. 货币政策

15. 货币政策的传导机制

16. 单一规则

17. 相机抉择

18. 再贴现政策

19. Peel's Act

20. 联邦中央银行制

21. 货币政策目标

22. 货币政策的时滞

23. 货币政策中间目标的选择标准

24. Moral Suasion

25. 公开市场政策

26. 公开市场业务一级交易商

27. 央行回购交易

28. 央行现券交易

29. 中央银行票据

30. 零准备金制度

31. 利率走廊

32. 通货膨胀目标制

33. 泰勒规则

(四) 问答题

1. 为什么中央银行与政府之间要保持一种相对独立的关系?

2. 中央银行的票据清算功能是如何发挥的?

3. 中央银行的基本职能及其特点是什么?

4. 中央银行和财政部的资金关系是什么?

5. 现代中央银行的资本结构有何特点?

6. 我国中央银行的发展过程与主要功能是怎样的?

7. 中央银行对基础货币的控制能力有何特点?

8. 中央银行实施金融监管的理论依据和出发点是什么?

9. 简述货币政策的操作目标。

10. 简述货币政策的效果目标。

11. 简述货币政策工具的内容。

12. 为什么中央银行被称作"银行的银行"?

13. 试述中央银行按所有制形式的分类。

14. 简述中央银行发展的三个阶段。

15. 中央银行的性质和宗旨是什么?

16. 简述中央银行资产负债表的结构。

17. 简述我国中国人民银行的性质及其主要职责。

18. 请简述 20 世纪 90 年代以来,发达国家货币政策操作有哪些发展与新变化?

(五) 论述题

1. 为什么说中央银行的资产业务规模会影响其货币供给量?

2. 中央银行调节基础货币与货币供应总量的能力是如何体现出来的?

3. 请说明中央银行体系中的货币扩张机制。

4. 中央银行在稳定货币和稳定金融中的作用是如何体现出来的?

5. 美国联邦储备系统的机构设置有何特色,对我国有何参考意义?

6. 请比较我国货币当局资产负债表与美联储综合资产负债表的结构差异。

7. 如何全面评价公开市场业务?

8. 请简述我国公开市场业务操作的发展与现状。

9. 中央银行在调节货币供求均衡中的作用及其特点是什么?

10. 我国现阶段为什么还不宜使用利率或汇率作为货币政策中间目标?

11. 中央银行货币政策目标的具体含义是什么? 它们之间的矛盾何在?

12. 影响货币政策效果的因素有哪些?

13. 货币政策与财政政策的协调政策有哪几类以及具体内容是什么?

14. 在中央银行与政府的关系中,美国联邦储备系统是独立性较大的模式的典范,试从联储的结构及运行机制上对其独立性进行讨论。

15. 试比较凯恩斯学派和货币学派的货币政策传导机制的理论。

16. 请比较各种货币政策的传导机制。

17. 试评述传统的三大货币政策工具的优缺点。

第二节 习题答案

(一) 判断题

1. ×　2. ×　3. ×　4. √　5. ×　6. √　7. ×　8. ×

9. ×　10. ×　11. √　12. √

(二) 选择题

1. A　2. B　3. A　4. D　5. B　6. B　7. D　8. A　9. B
10. B　11. B　12. C　13. A　14. C　15. C

(三) 名词解释

1. 准中央银行:有些国家或地区只设置类似中央银行的机构,或由政府授权某个或某几个商业银行来行使部分中央银行职能。

2. 基础货币:基础货币 H 也称为强力货币,包括商业银行的准备金 R 和公众持有的通货 C,即 $H = R + C$。

3. 超额准备率:指单位活期存款中,超额准备金漏出的比例。

4. 最后贷款人:商业银行需要补充资金时,可将其持有的票据向中央银行请求再贴现,或以有价证券抵押申请贷款。中央银行对商业银行的贷款,其资金主要来源于国库存款和商业银行交存的准备金,如果中央银行资金不足,则可发行货币。中央银行成为商业银行的"最后贷款者",这是中央银行极为重要的职能。通过对商业银行提供信用,中央银行加强了对它们的监督和管理。

5. 货币供应量层次:货币供应量包括多重层次,按口径依次加大为 M_1、M_2、M_3,M_1 包括活期存款和流通中的通货,M_2 为 M_1 加上准货币,包括储蓄存款、定期存款等。各国的口径划分并不一致。

6. 货币发行的外汇准备制度:对不可兑换的信用货币的发行有一定的限制,某些国家规定发行货币必须有一定价值比例的外汇作为准备,充当发行准备金。

7. 联邦基金利率:是美国联邦基金市场上日拆贷款的利率,它是一种十分敏感的指标,表示银行之间借用资金的成本,也指示货币政策的态势。

8. 公开市场业务的防御性操作:公开市场操作可以分成两类,一类是主动性的,一类是防御性的,后者旨在抵消影响货币基础的其他因素的变动(如财政部在央行的存款和在途资金的变动)。

9. (央行资产负债表的)在途资金:央行的支票清算过程是某家银行把它收到的支票存入其在央行账户的过程;其准备金账户贷记

支票金额,支票签发银行的准备金账户则借记同样金额。事实上,这些交易并非一定同时发生;央行经常在借记支票签发银行账户之前,就已经贷记存入该支票的银行账户。由此产生的银行体系准备金总量的净增长称为在途资金,它等于央行资产负债表资产方的待收现金项目和负债方的待付现金项目的差额。

10. 操作目标:在货币政策实施过程中,为中央银行提供直接的和连续的反馈信息,借以衡量货币政策的初步影响,也称近期目标。

11. 中间目标:中央银行货币政策的作用是一个极其复杂的过程,在这个过程中,要求某一金融变量同时具备上述条件是很困难的。因此,货币政策的中间目标往往不止一个,而是由几个金融变量组成的中间目标体系。

12. 行动时滞:货币政策从制定到获得最终目标的实现,必须经过一段时间,这段时间称为货币政策的时滞。决策时滞指的是从中央银行认识到必须采取行动到实际采取行动所需的时间,也称为行动时滞。

13. 信用配额:是指央行根据金融市场状况及客观经济需要,分别对各个商业银行的信用规模加以分配,限制其最高数量。在多数发展中国家,由于资金供给相对于需求来说极为不足,这种办法相当广泛地被采用。

14. 货币政策:是指中央银行为实现其特定的经济目标,而采用的各种控制和调节货币供应量或信贷规模的方针和措施的总称。它是一个包括货币政策目标、货币政策工具、货币政策的中介指标、货币政策的效果等一系列内容在内的广泛概念。货币政策是国家经济政策的重要组成部分,是为经济政策服务的。货币政策是中央银行实现其职能的核心所在。

15. 货币政策的传导机制:是指货币政策工具的运用引起中间目标的变动,从而实现中央银行货币政策的最终目标这样一个过程。

16. 单一规则:货币学派主张,应制定"货币规则",代替"相机抉择",即中央银行应长期一贯地维持一固定的或稳定的货币量增长率,而不应运用各种权力和工具企图操纵或管制各种经济变量。货币主义相信市场机制的稳定力量。认为在经济繁荣、需求过旺时,固定货币增长率低于货币需求增长率,因此,具有自动收缩经济过度膨胀的能力;在经济不景气、需求不足时,固定货币增长率高于货币需求增长率,因而,又具有自动刺激经济恢复的能力。同时,由于时滞的存在和人为判断失误等因素,"相机抉择"货币政策往往不能稳定经济,反而成为经济不稳定的制造者。

17. 相机抉择:凯恩斯学派则赞成中央银行采取"相机抉择"政策,认为市场经济并无自动调节或稳定的趋向,而且货币政策的时滞是短暂的,中央银行应会同财政部门依照具体情况的变动,运用不同工具和采取相应措施来稳定金融和经济。中央银行一旦认定目标,就要迅速采取行动,在情况发生变化时,或原有预测与所采取的行动有错误时,要及时做出反映,纠正错误,采取新的对策权衡处理。

18. 再贴现政策:是指中央银行传统的货币政策工具。所谓再贴现政策,是指中央银行通过直接调整或制定对合格票据的贴现利率,来干预和影响市场利率以及货币市场的供给和需求,从而调节市场货币供应量的一种货币政策。

19. Peel's Act:即皮尔条例。1844 年,英国当时的首相罗伯特·皮尔主持通过的《英格兰银行条例》,又称《皮尔条例》,确立了英格兰银行正式作为国家发行银行的地位。该条例的主要内容是:

① 限制其他商业银行发行纸币的数量,扩大英格兰银行的货币发行权,使其最终成为唯一的货币发行银行。

② 将英格兰银行分成发行部(issuing department)和银行部(banking department)两个部分,发行纸币与银行业务分开,银行业务不干预货币发行,发行部的钞票发行必须以金币或金块作为主要准备,银行券保证兑现。

③ 钞票流通数量有最高数额限制。

20. 联邦中央银行制:这是西方各国中央银行按组织结构分类的一种。是指在实行联邦制的国家中,中央银行的结构也采用联邦制,即中央银行作为一个体系存在。它由若干相对独立的地区中央银行组成。货币的发行、为政府服务、制定和推行货币政策以及对金融机构监督管理等中央银行的职能,由这个体系中的全体成员共同完成。这种制度的特点是权力和职能相对分散,采用这种制度的国家有美国、德国等。

21. 货币政策目标:这是货币政策的主要内容之一。是指通过货币政策去达到的宏观经济目的,它随着西方社会经济状况的不同而不同。在 20 世纪 50 年代末以后,主要发展以下四个方面:稳定物价、充分就业、促进经济增长、平衡国际收支。这些目标间的矛盾是客观存在的,在制定货币政策时,要根据各国的具体情况,在一定时间内选择一个或两个目标作为货币政策的重点目标。

22. 货币政策的时滞:货币政策从制定到获得最终目标的实现,必须经过一段时间,这段时间称为货币政策的时滞(time lag),它是影响货币政策效果的重要因素。大致可分为三种:

① 认识时滞(recognition lag),即从需要采取货币政策行动的经济形势出现到中央银行认识到必须采取行动的时间。

② 决策时滞(decision lag),即从认识到必须采取行动到实际采取行动所需的时间。

③ 外在时滞,即从采取货币政策措施到这些措施对经济活动发生影响取得效果的时间。

23. 货币政策中间目标的选择标准有以下四项:

① 可控性。是指中央银行通过对各种货币政策工具的运用,能对该金融变量进行有效的控制和调节,能够较准确地控制金融变量的变动状况及其变动趋势。

② 可测性。是指中央银行选择的金融控制变量概念清晰,中央银行能迅速而准确地收集到有关指标的数据资料,便于定量分析。

③ 相关性。是指中央银行选择的中间目标,必须与货币政策最终目标有密切的连动关系,中央银行通过对中间目标的控制能实现货币政策最终目标。

④ 抗干扰性。是指中间目标不受外来因素或非政策因素的干扰。

24. Moral Sualion:这是西方国家选择性货币政策工具的一种,

即道义上的劝告。由于它是以银行的自愿合作为前提的,从严格意义上讲并非一种控制手段。它可以被认为是中央银行劝告商业银行调整其贷款政策,从而实现货币政策目标的一种方式,目的是减少更加公开的信贷控制措施。这种工具形式多样,优点是无法律约束力,效果取决于双方合作的程度。

25. 公开市场政策:这是中央银行一般性货币政策工具的一种,也是传统的"三大法宝"之一。它是指中央银行在证券市场上公开买卖各种政府证券,以控制货币供给量及影响利率水平的行为。公开市场政策主要是通过影响商业银行体系的实有准备金来进一步影响商业银行信贷量的扩大和收缩,通过货币供给量的增加和减少,影响市场利率水平。其基本操作过程是中央银行根据经济形势的发展,当需要收缩银根时,卖出证券;反之,则买进证券。

26. 公开市场业务一级交易商:简称"一级交易商",是指经中国人民银行审定的、具有直接与中国人民银行进行债券交易资格的商业银行、证券公司和信托投资公司。

27. 央行回购交易:回购交易分为正回购和逆回购两种,正回购为中国人民银行向一级交易商卖出有价证券,并约定在未来特定日期买回有价证券的交易行为,正回购为央行从市场收回流动性的操作,正回购到期则为央行向市场投放流动性的操作;逆回购为中国人民银行向一级交易商购买有价证券,并约定在未来特定日期将有价证券卖给一级交易商的交易行为,逆回购为央行向市场上投放流动性的操作,逆回购到期则为央行从市场收回流动性的操作。

28. 央行现券交易:现券交易分为现券买断和现券卖断两种,前者为央行直接从二级市场买入债券,一次性地投放基础货币;后者为央行直接卖出持有债券,一次性地回笼基础货币。

29. 中央银行票据:是中国人民银行为调节商业银行超额准备金,而向商业银行发行的短期债务凭证,其实质是中央银行债券,之所以叫"中央银行票据",是为了突出其短期性特点。央行通过发行央行票据可以回笼基础货币,央行票据到期则体现为投放基础货币。央行票据与金融市场各发债主体发行的债券具有根本的区别:各发债主体发行的债券是一种筹集资金的手段,其目的是为了筹集资金,即增加可用资金;而中央银行发行的央行票据是中央银行调节基础货币的一项货币政策工具,目的是减少商业银行可贷资金量。商业银行在支付认购央行票据的款项后,其直接结果就是可贷资金量的减少。

30. 零准备金制度：所谓零准备金制度,不是不要缴纳准备金,也不是解除准备金制度,而是规定商业银行在结算日的准备金余额为零的制度。

31. 利率走廊：这是一个管理市场流动性的政策操作设定,主要被中央银行用于平滑货币市场利率的波动。中央银行通过向商业银行提供存贷款便利而设定一个利率操作区间,以用于控制货币市场利率的波动。在典型的利率走廊操作中,操作区间的上限为中央银行的贷款利率,在清算资金出现不足时,商业银行可以此利率向中央银行申请抵押贷款;下限是商业银行在中央银行的准备金存款利率,商业银行的清算余额（或超额储备）可以此利率存在中央银行。在这样的设定下,短期市场利率与存贷款利率变动的时间序列轨迹便形似一条"走廊",即"利率走廊",也称为"利率通道"或"利率渠道"。

在利率走廊调控模式下,一旦中央银行公布了目标拆借利率,商业银行就据此得知货币当局的政策态度,并会以此作为参照来调整自己的储备管理及市场交易行为,从而最终促使实际拆借利率与中央银行的目标利率水平趋于一致。例如,中央银行只要设定存贷款利率,并保持其净基础货币供给为零,理论上就能将均衡的同业拆借利率保持在存贷款利率之和的平均值上。

32. 通货膨胀目标制：根据伯南克的观点,通货膨胀目标是由官方公开宣布未来一段时间内需要达到的通货膨胀目标或区间,明确承认低的、稳定的通货膨胀率是货币政策的首要长期目标。一般认为,通货膨胀目标制是一种以保持低的和稳定的通货膨胀为目标的货币政策制度或政策框架,这一框架以价格稳定为货币政策的首要目标,目的是实现和保持较低的通货膨胀率。在通货膨胀目标制下,传统的货币政策体系发生了重大变化,在政策工具与最终目标之间不再设立中间目标,货币政策的决策依据主要依靠定期对通货膨胀的预测,由政府或中央银行根据预测提前确定本国未来一段时期内的中长期通货膨胀目标,中央银行在公众的监督下运用相应的货币政策工具使通货膨胀的实际值和预测目标相吻合。

33. 泰勒规则:泰勒规则也称利率规则,是由泰勒经过长期的研究和实证分析,于1993年提出的一条货币政策调整规则,该规则表明了中央银行的短期利率工具依经济状态而进行调整的方法。以泰勒规则的方程为代表,其基本公式为

$$i_0 = r_f + \pi_t + \alpha(\pi_t - \pi^*) + \beta\Delta y_t。$$

其中,i_0 为名义利率;r_f 为均衡实际利率(长期内和充分就业相适应的利率);π_t 为 t 期实际通货膨胀率;π^* 为目标通货膨胀率;$\pi_t - \pi^*$ 为通货膨胀缺口;Δy_t 为产出缺口,即实际 GDP 与潜在充分就业水平下的 GDP 估计值的百分率偏差;α、β 为管理层分别对通货膨胀、产出调控目标重视程度的权重,且 $0 \leqslant \alpha \leqslant 1, 0 \leqslant \beta \leqslant 1$。

泰勒规则方程式的另外一种较简洁的表达形式是

$$i = i^* + a(\pi - \pi^*) - b(u - u^*)。$$

其中,i 为名义利率;i^* 是名义目标利率;π 为实际通货膨胀率;π^* 为目标通货膨胀率;u 为实际失业率;u^* 为自然失业率;a, b 是正的系数。

泰勒规则运用于美国的表达形式为

联邦基金利率指标＝通货膨胀率＋均衡实际联邦基金利率＋
　　　　　　　 $1/2 *$ 通货膨胀缺口＋$1/2 *$ 产出缺口。

(四) 问答题

1. 为什么中央银行与政府之间要保持一种相对独立的关系?

答:首先,支持独立论者认为,央行受制于政府,很可能导致通货膨胀。关于央行独立性与通胀的关系历来是一个讨论的热点。在许多人看来,政府的行为具有短期性,政治家为了自身目的(如为了赢得下一次选举)会追求短期目标。这样,他们就不大会专注于像物

价稳定这样的长远目标；相反，他们更热衷于对短期目标的解决，像失业率、利率，即使这样的短期解决方案可能在长期具有不良后果。例如，高货币增长率最初可能带来利率下降，但同时引起通胀，通胀带来利率的上升；当利率偏高的时候，政府可能会要求央行增发货币，结果可能带来进一步的通胀和更高的利率。从实证数据来看，央行的独立性与通胀存在负相关关系（虽然这并不能说明两者之间存在必然的因果关系）。

此外，政府财政赤字可能会对基础货币产生影响。如果政府能够要求央行购买财政部发行的债券以弥补预算赤字，那么将导致政府债务的货币化，增加基础货币的数量。政府的这种行为将导致经济中更强烈的通货膨胀偏向。

另外，主张独立论者认为，货币政策的制定和执行是非常专业的技术性职责，因而不适宜交给政治家来进行决策。

2. 中央银行的票据清算功能是如何发挥的？

答：商业银行在中央银行开立账户，并在中央银行拥有存款。这样，它们收付的票据则可通过存款账户划拨款项、办理结算，从而清算彼此间的债权债务关系。这一方面节约了资金的使用，减少了清算费用，解决了单个银行资金清算所面临的困难；另一方面，也有利于中央银行通过清算系统，对商业银行体系的业务经营进行全面及时的了解、监督和控制，强化了整个银行体系。

3. 中央银行的基本职能及其特点是什么？

答：中央银行有以下三项基本职能：

(1) 货币发行的银行。

在现代银行制度中，中央银行首先是货币发行的银行。垄断货币发行特权，成为全国唯一的货币发行机构，是中央银行不同于商业银行及其他金融机构的独特之处。

中央银行独占货币发行权，是中央银行发挥其职能作用的基础。中央银行通过掌握货币发行，可以直接地影响整个社会的信贷规模和货币供给总量，通过货币供给量的变动，作用于经济过程，从而实现中央银行对经济的控制作用。

（2）银行的银行。

中央银行一般不同工商企业和个人发生往来,只与商业银行和其他金融机构直接发生业务关系,在业务上和政策上起着制约和领导的关系,同时也为商业银行和金融机构提供各种全能服务。主要有以下几个方面:

① 保管商业银行的存款准备金。

② 对商业银行提供信贷。

③ 办理商业银行之间的清算业务。

（3）政府的银行。

政府的银行是指中央银行既作为政府管理金融的工具,又为政府提供金融服务。其具体内容包括:

① 代理国库。

② 对政府提供信贷。

③ 管理金融活动,调节国民经济。

④ 代表政府参加国际金融活动,进行金融事务的协调、磋商等。

4. 中央银行和财政部的资金关系是什么?

答:中央银行经办政府的财政收支;保管国库的存款;兑付国库签发的支票;代理收缴税款;经办政府公债的发行、还本付息以及其他有关国库的事务,从而充当国库的出纳。

5. 现代中央银行的资本结构有何特点?

答:中央银行的资本结构,是指作为中央银行运作基础的资本金是怎样构成的,即所有制形式。中央银行的资金来源有:发行的通货、吸收的存款和自有资本金。前两项在各国近似,而后一项各国情况各有差异。所以,据此可将中央银行的所有制形式分为:国家所有形式、集体所有形式、混合所有形式、多国所有形式和无资本形式。

① 全部资本为国家所有。有两种情况:一是国家通过购买央行资本中原属于私人的股份,而对央行拥有了全部股权;二是央行成立时,国家就拨付了全部资本金。

② 公私股份混合所有。国家资本大多在50%以上,非国家资本,即民间资本包括企业法人和自然人的股份低于一半。非国家股

份持有者一般只能依法分取红利而无经营决策权,其股权转让也必须经央行同意,对央行的政策基本没有影响。

③ 全部资本私人所有:国家不持有股份,全部资本由私人股东投入,由法律规定执行中央银行的职能。例如,美国联邦储备体系,资本由会员银行认购。

④ 无资本金的央行:目前韩国央行是唯一的无资本金的央行,由国家授权执行央行职能。

⑤ 资本多国共有:货币联盟中组建的央行资本金,由各成员国按商定的比例认购。

虽然各国中央银行的资金来源差别较大,但由于中央银行是为国家宏观经济政策服务的特殊金融机构,它本身并不以营利为目的。而且中央银行的权力机构由政府指派,股东根本不可能对其运作产生任何影响。因此,无论中央银行的资本结构怎样,其实质都是政府机构。并且,随着时间的推移和职能的演变,中央银行将日趋国有化。

6. 我国中央银行的发展过程与主要功能是怎样的?

答:中国人民银行作为新中国的中央银行,是 1948 年 12 月 1 日在原华北银行的基础上,经过合并改组建立起来的,同时开始发行人民币。1949 年 2 月将总行设在北京。在 1978 年党的十一届三中全会以前,中国人民银行既是行使货币发行和金融管理职能的国家机关,又是从事信贷、储蓄、结算、外汇等业务经营活动的专业银行,可以说是"一身二任"的银行机构,这是适合于中华人民共和国成立初期制止通货膨胀的历史需要,也同后来高度集中的经济管理体制相适应。1979 年以后,经济体制改革展开,银行体制也进行了改革。1983 年 9 月,国务院决定中国人民银行专门行使中央银行的职能,不再对企业、个人直接办理存贷业务。中国人民银行是负责"管理全国金融事业的国家机关",其三项根本任务是:"集中力量研究和做好全国金融的宏观决策,加强信贷资金管理,保持货币稳定。"

7. 中央银行对基础货币的控制能力有何特点?

答:基础货币,指的是商业银行在央行的准备金和流通中的通货之和。根据央行的资产负债表,可以得出央行的基础货币为

H＝银行准备金＋流通中的货币

　　＝央行的证券资产＋央行的信贷资产＋黄金、外汇、特别提款
　　　权＋财政部发行的通货＋其他资产－(财政部存款＋外国和
　　　其他存款＋其他负债＋资本金)。

可见,影响基础货币的因素包括: 政府的财政收支、黄金存量变化和国际收支状况、技术和制度性因素,以及中央银行自身的行为,如证券持有和贷款。

其中,某些因素中央银行不能直接加以控制,如财政部发行的通货、外国在央行的存款等。央行控制基础货币的手段包括: 公开市场操作、贴现贷款、外汇黄金买卖等。这里面央行可以主动、精确地控制基础货币量的措施是公开市场操作。中央银行可以通过在公开市场买卖证券来调整基础货币量,抵消其他因素造成的基础货币量的波动。而相比而言,再贴现和贷款手段的控制力较弱。

所以,概括地说,中央银行能够在一定条件下有效控制基础货币量。

8. 中央银行实施金融监管的理论依据和出发点是什么?

答: 中央银行的主要金融监管领域是存款货币银行。由于存款货币银行体系在金融领域中居于中心地位,特别重视对它的监管是必然的。就存款货币银行的特点来说,必须加强监管的具体理由有:

① 存款者一般难以判别银行真实经营状况,往往是银行倒闭了,存款者才发现他们银行选择不当。但是,评价银行的可靠性不是单个存款者力所能及的。

② 流通中,货币量的主要部分是由商业银行体系创造并提供的。一旦发生银行倒闭风潮,通过派生存款倍数缩减机制,相当部分的货币供给就会突然消失。由此,将造成严重的经济震荡,甚至萧条。

③ 整个社会转账支付系统是以商业银行的活期存款为依据的,庞大的支付系统中哪怕只出现一个短暂的故障,也会引起支付链条的中断,并造成极大的混乱和损害。因此,必须力求防止这种情况的发生。

④ 是防止由挤兑引起的银行连锁倒闭的需要。当公众看到某家银行倒闭时,可能向其他银行提取存款,造成挤兑风潮。如无行政管理,这种挤兑也会导致那些经营良好的安全的银行随之倒闭。

此外,为限制某些大银行不合理的扩张,为保护银行客户不受歧视等要求,在某些国家也都成为中央银行必须对商业银行进行严格的管理的理由。

9. 简述货币政策的操作目标。

答：操作目标是在货币政策实施过程中,为中央银行提供直接的和连续的反馈信息,借以衡量货币政策的初步影响,也称近期目标。例如,超额准备金和基础货币。

超额准备金可以反映银行体系扩大放款和投资的能力,也是未来货币供应量和利率运动的良好预测器。中央银行的货币政策工具往往通过调节银行系统的超额准备金,而实现对货币信贷的调控的。但是,对超额准备金的使用往往受制于商业银行体系的意愿和财务状况。

基础货币是流通中的现金和银行的存款准备金的总和,是中央银行所直接控制的金融变量,也是银行体系的存款扩张、货币创造的基础。它与货币政策目标有密切关系,其数额大小的变化会影响货币供应量的增减变化。中央银行通过操纵基础货币影响货币供应量,从而直接影响整个社会的经济活动。因此,将基础货币作为货币政策中间目标的金融变量,是具有重要意义的。

10. 简述货币政策的效果目标。

答：效果指标是在货币政策实施的后期,为中央银行进一步提供反馈信息,以衡量货币政策达到最终目标的效果,也称远期目标。例如,利率和货币供应量。

利率是一项影响货币供应量和银行信贷规模、实现货币政策的重要目标。利率随中央银行直接控制的再贴现率的升降而升降,中央银行的再贴现率变动以后,利率要发生变动。中央银行通过调整贴现率作为调节与控制市场利率的重要工具之一。中央银行在任何时候都可以观察和掌握到市场利率水平及其结构方面的资料,并根据货币政策的需要,调节市场利率,影响消费和投资,从而调节总供求,达到宏观控制的目的。不过,利率作为中间目标也存在一定的问题,因为利率同时也是经济内生变量,当经济繁荣时,利率也会因为资金需求增加而上升;如果当局为了抑制过热的需求,采用一定的紧缩政策,结果利率的确上升了,但这种上升究竟是经济过程本身推动的,还是外部政策造成的就难以区分了。此时,中央银行就不易判断政策操作是否达到了预期的目的。

货币供应量是较为适宜的货币政策中间目标。货币供应量按流动性为标准划分为 M_0、M_1、M_2、M_3,只要中央银行控制住这几个货币供应量指标,就能控制社会的货币供应总量。因为,这几项指标都反映在中央银行、商业银行及其他金融机构的资产负债表内,容易获取资料进行预测分析;M_0 是中央银行直接发行的,由中央银行掌握,只要中央银行控制了基础货币的投入,也能控制 M_1、M_2、M_3 的供应量;这几项指标代表了一定时期的社会购买力。因此,中央银行将这几项指标的水平控制住,就控制了社会总需求,有利于达到货币政策目标。问题在于到底选取哪一个层次的货币供应量,对此有不同的看法。而作为内生变量和作为政策变量的货币供应量是反向变动的,所以不会出现混淆的局面。

11. 简述货币政策工具的内容。

答:中央银行对货币和信用的调节政策有两大类:一是从收缩和放松两个方向调整银行体系的准备金和货币乘数,从而改变货币供应量,这就是一般性货币信用管理,它影响货币信用的总量,属宏观性措施;另一类是用各种方式干预信贷市场的资金配置,有目的地调整某些经济部门的货币信贷供应量,从而引起货币结构变化,这就是选择性信贷管理,属微观性措施。所以,中央银行的货币政策工具可分为一般性政策工具和选择性工具。

(1)一般性政策工具,即传统的三大货币政策工具,也就是我们通常所说的"三大法宝":再贴现政策、存款准备金政策和公开市场政策。一般性政策工具的特点是,对金融活动的影响是普遍的、总体的,没有特殊的针对性和选择性。一般性货币政策工具的实施对象是整体经济,而非个别部门或个别企业。

① 再贴现政策。它是中央银行传统的货币政策工具。所谓再贴现政策,是指中央银行通过直接调整或制定对合格票据的贴现利率,来干预和影响市场利率以及货币市场的供给和需求,从而调节市场货币供应量的一种货币政策。

② 存款准备金政策。存款准备金政策是指中央银行在法律所赋予的权力范围内,通过调整商业银行交存中央银行的存款准备金比率,以改变货币乘数,控制商业银行的信用创造能力,间接地控制社会货币供应量的活动。目前凡是实行中央银行制度的国家,一般都实行存款准备金政策。

③ 公开市场政策。所谓公开市场政策,是指中央银行在证券市场上公开买卖各种政府证券,以控制货币供给量及影响利率水平的行为。公开市场政策主要是通过影响商业银行体系的实有准备金来进一步影响商业银行信贷量的扩大和收缩,通过货币供给量的增加和减少,影响市场利率水平。公开市场政策的基本操作过程是,中央银行根据经济形势的发展,当需要收缩银根时,就卖出证券;反之,则买进证券。

公开市场政策也可用来调节长期证券市场和短期证券市场的利率结构和水平。例如,中央银行在抛售短期证券的同时,等量购进长期证券,则可压低短期市场利率,提高长期利率,可改变投资结构,造成间接影响。如果购进的数量和售出的证券在数量上相等,那么在长、短期利率发生变化的同时,货币供给量可以保持稳定。这种活动亦称为调期业务。

(2) 选择性货币政策工具。

选择性货币政策工具是中央银行针对个别部门、企业或特殊用途的信贷而采用的政策工具,这些政策工具可以影响商业银行体系的资金运用方向以及不同信用方式的资金利率。中央银行的选择性政策工具主要有以下几类:

① 间接信用控制工具。这类工具的主要特点是作用过程是间接的,要通过市场供求关系或资产组合的调整途径才能实现,主

要有:

A. 优惠利率——中央银行对国家重点发展的经济部门,如出口工业、重工业、农业等,制定较低的贴现率或放款利率,作为鼓励这些部门增加投资、扩大生产的措施。优惠利率多在发展中国家采用。

B. 证券保证金比率——中央银行通过对购买证券的贷款规定法定保证金比率,以控制对证券市场的信贷量。规定法定保证金比率,实际上也就是间接地规定最高放款额。通过调整这个比率,就能影响这类放款的规模。

C. 消费信用管制——中央银行根据需求状况和货币流通状况,对消费者信贷量进行控制,以达到抑制过度消费需求或刺激消费量增长的目的。这种控制手段主要包括规定最低的第一次付现的比率和最高偿还期限。提高法定的初次付现比率,实际上就降低了最高放款额,从而可以抑制对此种用途的贷款需求;反之,则可提高这种需求。缩短偿还期限,就会增大购买者每次分期付款所需的支付额,也会抑制对这类放款的需求。

D. 预缴进口保证金制度——为抑制进口过分增长,中央银行要求进口商预缴进口商品总值的一定比率的外汇存于中央银行,以减少外汇流失。比率越高,进口换汇成本越高,其抑制作用就越大;反之,则越小。这一措施主要是在国际收支经常处于逆差的国家使用。

E. 房地产信贷管制——为了阻止房地产投机,中央银行限制银行或金融机构对房地产的放款。主要内容包括规定最低付现额和最高偿还期两方面。

② 直接信用管制手段。直接信用管制是指中央银行以行政命令的方式,直接对银行放款或接受存款的数量进行控制,并非通过市场供求关系或资产组合的调整途径来控制。最普遍的工具是银行贷款量的最高限额和银行存款利率的最高限额。

A. 贷款量的最高限额。这种管制方法一般较少采用。中央银行只有在战争、严重的经济危机等情况下,才使用这种行政控制手段。其控制对象主要是商业银行的贷款额。控制的方式有两种:一种是控制贷款总量的最高额度;另一种是对贷款进行边际控制,即控制贷款增长的最高比率或幅度。这两种方法都可以达到直接控制信贷规模的目的。

B. 存款利率的最高限额。这种手段的目的,是为了通过对存款利率上限进行限定,抑制金融机构滥用高利率作为谋取资金来源的竞争手段。因为用高利率争夺资金,会诱使银行业从事于冒险的不健全的贷款;同时,银行为争夺资金来源而进行价格竞争,也大大增加了银行业的营业费用。

③ 道义劝导。所谓道义劝导,是指中央银行利用其地位和声望,对商业银行和金融机构经常以发出书面通告、指示或口头通知,甚至与金融机构负责人面谈等形式向商业银行通报行情,婉转劝其遵守金融法规,自动采取相应措施,配合中央银行货币政策的实施。例如,在通货膨胀恶化时,中央银行劝导银行和金融机构自动约束贷款或提高利率;在地产与股票市场投机风气盛行时,劝导各金融机构缩减这类信贷;在国际收支出现赤字的情况下,劝导金融机构提高利率或减少海外贷款;等等。

12. 为什么中央银行被称作"银行的银行"?

答:在现代银行业务中,商业银行的客户是企业、单位和个人,而中央银行的客户一般是商业银行和其他金融机构,它不与工商业者发生直接的业务往来关系。中央银行被称为"银行的银行"体现在其与商业银行的关系上,央行对商业银行在业务上和政策上进行制约和领导,同时为商业银行提供各种全能服务:

① 保管商业银行的存款准备金。这是保证存款人的存款安全和调节国家经济的方法之一,中央银行能够通过各种手段影响商业银行的现金准备数量,从而控制全国信贷规模和货币供应量。

② 对商业银行提供信贷。商业银行需要补充资金时,可将其持有的票据向中央银行请求再贴现,或以有价证券抵押申请贷款。中央银行成为商业银行的"最后贷款者",这是中央银行极为重要的职能。通过对商业银行提供信用,中央银行加强了对它们的监督和管理。

③ 办理商业银行之间的清算业务。商业银行在中央银行开立

账户,并在中央银行拥有存款。这样,它们之间的债权债务关系能通过存款账户划拨款项进行结算。这一方面节约了资金的使用,减少了清算费用,解决了单个银行资金清算所面临的困难;另一方面也有利于中央银行对商业银行的监控。

从以上央行提供的服务来看,"银行的银行"是其一项重要的职能。

13. 试述中央银行按所有制形式的分类。

答:按所有制形式,西方各国的中央银行可分为以下三类:

① 属于国家所有的中央银行。这是目前大多数国家的中央银行所采用的所有制形式,它们的形成方式主要有两种:一是私人股份商业银行的国有化;二是"二战"以后由国家直接投资创建中央银行。这类所有制的代表是英、法、德和荷兰等国的中央银行。中央银行国有化已成为一种发展趋势。

② 属于半国家性质的中央银行。这些中央银行的部分股份由国家持有,部分股份由私人资本家持有,日本银行和比利时的中央银行属于此类。

③ 属于私人股份资本的中央银行。在这种所有制下,中央银行的资本全部是由私人股东投入的,属于此类的是美国和意大利的中央银行。其中,美国联邦储备银行的资本是由参加联邦储备体系的各个会员银行所认购的股票形成的,这种中央银行在实质上也是一种属于私人股份资本的中央银行。

14. 简述中央银行发展的三个阶段。

答:中央银行的发展史大体可分为三个阶段:

第一阶段是从17世纪中叶至1843年,这是中央银行的初创时期,这一时期中央银行的特点是并未完全垄断货币发行权,是并非专一行使中央银行职能的商业银行与中央银行相结合的私人所有的金融机构。典型例子是英格兰银行,它是以私人合股公司的形式出现,由商业银行逐渐发展而来,由政府授予三项特权,即接受政府存款、代理国库、股东负有限责任从而部分行使中央银行的职能。

第二阶段是从1844年至20世纪30年代,这是中央银行发展完善的时期,这一时期许多国家开始意识到建立和完善中央银行制度的重要性。1844 年的《皮尔条例》使英格兰银行正式成为国家发行银行。到 1900 年,主要的西方国家都设立了中央银行。这一阶段最具代表性的是美国中央银行制度——联邦储备系统的建立。

第三阶段是第二次世界大战以后,战后兴起的凯恩斯的宏观经济理论主张货币政策必须通过中央银行来推行财政金融政策、干预国民经济、稳定货币,各国纷纷加强对中央银行的控制,中央银行制度发展和完善的进程进一步加快。

目前,世界各国都基本上建立了中央银行,中央银行已成为国家干预和调节经济、稳定国内金融市场的一个必不可少的工具。

15. 中央银行的性质和宗旨是什么?

答:中央银行是不以营利为目的、统管全国金融机构的半官方组织,它是一国金融体系的核心和最高管理机关,负责制定国家的货币金融政策。中央银行是具有银行特征的国家机关。

中央银行的宗旨是:

① 向社会提供可靠的、良好的信用流动工具,为广大社会公众创造灵活方便的支付手段,满足生产和流通的客观需要。

② 制定和推行货币政策,通过对货币供给的总量调节,保持本国货币价值的基本稳定,防止通货膨胀或通货匮乏,使社会总需求与供给保持大体平衡,促进经济稳定发展。

③ 履行国家管理全国金融的职责,对整个金融业和金融市场实行有效的监督管理,提高金融效率,维护金融信誉。

④ 作为政府的银行和一国金融体系的代表,调节国际金融关系,管理对外金融活动。

16. 简述中央银行资产负债表的结构。

答:西方国家中央银行的资产负债表的项目分资产和负债两大类,其中资产以金证券、特别提款权和有价证券项目为最主要的项目,负债则主要是联邦储备券和存款。资产还包括贴现及放款,主要是指对商业银行再贴现和放款的数额,以及待收款、房屋、设备等其他资产。

　　金证券是由财政部发行的,是财政部购买和持有黄金时所供应的资产额;特别提款权是国际储备资产之一;有价证券项目是中央银行进行公开市场业务操作的结果,是中央银行调控货币信贷的最主要手段。

　　在我国,中央银行的负债主要是存款和流通中的通货,中央银行的资产主要是对专业银行和其他金融机构的贷款。

　　17. 简述我国中国人民银行的性质及其主要职责。

　　答:中国人民银行作为新中国的中央银行,成立于 1948 年,在 1983 年 9 月以前一直是一个"一身二任"的银行机构,也就是既承担中央银行的职能,又承担商业银行的职能。1983 年 9 月国务院决定中国人民银行专门行使中央银行的职能,不再对企业、个人直接办理存贷业务。中国人民银行作为国家的银行,是不以营利为目的、统管全国金融机构的半官方组织。它是我国金融体系的核心和最高管理机关,负责制定和执行国家的货币金融政策,享有国家法律所赋予的发行货币的权力和其他种种特权。它根据政府经济政策的要求,对商业银行和非银行金融机构进行业务上的管理和调节,以确保信用规模和货币供应适应经济发展的需要。中央银行作为国家管理金融的机构不直接对企业、事业单位和个人办理日常的存贷款业务,而是面向商业银行和非银行金融机构,通过制定金融宏观政策、货币政策和信贷政策,运用各种经济手段管理和监督商业银行和非银行金融机构的业务活动,使之适应国家经济政策的要求。中国人民银行是负责"管理全国金融事业的国家机关",其三项根本任务是:"集中力量研究和做好全国金融的宏观政策,加强信贷资金管理,保持货币稳定。"

　　18. 请简述 20 世纪 90 年代以来,发达国家货币政策操作有哪些发展与新变化。

　　答:20 世纪 90 年代以来,发达国家的货币政策操作发生了很大的变化,如将法定金准备制度改变成零准备金制度、将以公开市场操作为主的利率调控转为利率走廊调控、实行通货膨胀目标制、应用泰勒规则制定货币政策等。

(五) 论述题

1. 为什么说中央银行的资产业务规模会影响其货币供给量?

答:狭义货币供应量 $M_1 = m \times H$,其中 H 为基础货币、m 为货币乘数。而基础货币包括商业银行的准备金 R 和公众持有的通货 C,即 $H = R + C$。

中央银行的资产负债表的恒等公式是

　资产总额=存款机构准备金存款+其他负债+资本项目,

即

　　存款机构准备金存款=资产总额-(其他负债+资本)。

这个方程式的意义很清楚:中央银行资产的任何增加(或减少),如果资产负债表的其他项目不变动的话,会使存款机构准备金存款增加(或减少);而任何中央银行负债的增加(或减少),如果资产负债表的其他项目不变动的话,会使存款机构准备金存款减少(或增加)。

可见,中央银行资产负债表上各项目的变动,在决定商业银行体系准备金存款的规模上是起作用的。

中央银行资产项目的增加,是导致准备金增加的基本因素。

① 购买政府证券。这是中央银行为改变银行准备金,而进行的公开市场买卖业务。政府证券是西方国家中央银行资产中的最大组成部分,它具有特殊的重要性,因为它是中央银行借以调节银行体系准备金的主要工具。中央银行通过购买证券,使商业银行准备金增加。因为中央银行购买证券必须开出支票付款,出售证券的客户收到支票后将存入商业银行,商业银行将支票转中央银行进行结算,中央银行就在商业银行的中央银行准备金存款账户上增加这笔资金,从而使商业银行在中央银行的准备金存款增加。同样,如果中央银行出售证券,则可使商业银行准备金减少。

② 贷款和贴现。中央银行给存款机构贷款增加,将直接增加银行体系的准备金存款;当商业银行把未到期的票据经过背书后送到中央银行再贴现,中央银行按贴现率扣除利息,把其余部分贷记借款银行的准备金账户。

③ 黄金和特别提款权。如果黄金和特别提款权增加,银行准备金也将增加同样数额。例如,设中央银行代表财政部购买价值 100 万美元的黄金,黄金则成了财政部的资产,财政部则发行 100 万美元的金证券交给中央银行,金证券成了中央银行的资产。然后,中央银行把 100 万美元加进财政部在中央银行的存款账户上。财政部从其在中央银行的存款上签发 100 万美元的支票付给黄金卖主,这 100 万美元的支票被存入商业银行,商业银行把支票送中央银行结算,中央银行从财政部存款账户中减去 100 万美元,并增加到商业银行在中央银行的存款账户上去。可见,财政部购买黄金,中央银行资产金证券持有额增加,商业银行的准备金存款增加,社会的货币供应量也会增长。

特别提款权证券是中央银行对国际货币基金组织所创造的、由财政部持有的特别提款权的要求权。这种证券与购买黄金的结果是一样的。

④ 中央银行的其他资产。中央银行其他资产的增加,也会使商业银行的准备金增加。例如,中央银行购买设备或向其他国家中央银行购买外国通货,都由中央银行开出支票支付,当支票被存入银行系统被结算时,中央银行将贷记收票银行的准备金账户,银行准备金增加。

2. 中央银行调节基础货币与货币供应总量的能力是如何体现出来的?

答:由于货币供给总量 $M=$ 货币乘数 $m\times$ 基础货币 H,所以通过对 m 和 H 的控制就能实现对货币供应总量的控制。

基础货币是中央银行的负债,而且中央银行能够直接控制它,并通过对它的控制来实现对货币供给的控制。中央银行增加基础货币的途径有:向商业银行提供贷款,收兑黄金,收兑外汇,对财政透支,买进有价证券,再贴现和支付利息。

同时,货币乘数也是决定货币供给量的重要因素,影响其变动的因素有:活期存款的法定准备金率 r_d,定期存款的准备金率 r_t,定期存款漏出的比例 t,现金漏损率 k,超额准备金率 e。中央银行可以完全控制 r_d 和 r_t,对 t、k 和 e 的影响微小,这些与商业银行、企业和个人的行为、偏好有关,只有这些主体保持自身行为稳定,中央银行才能有效控制货币乘数。

3. 请说明中央银行体系中的货币扩张机制。

答：首先,商业银行在部分准备金和非现金结算制度的前提下,通过信用创造和收缩过程而影响货币供应量。有 $M_1 = D + C = \left(\dfrac{1+k}{r_d + e + k + r_t \times t}\right) \times H = m \times H$,其中基础货币 H 包括商业银行准备金 R 和公众持有的通货 C,$m = \dfrac{1+k}{r_d + e + k + r_t \times t}$ 为货币乘数。

在中央银行体系下,对货币扩张的影响首先体现在对基础货币数量的控制上,参见前几题相关论述。

其次,央行对货币乘数也可以施行直接和间接的影响。例如,调整法定存款准备金率,将对货币供应量产生直接的、强烈的影响;通过选择性货币政策工具,包括间接信用控制、直接信用管制、道义劝导等方式实现对超额准备金率和现金比率的影响。

总之,中央银行体系中,货币的扩张机制除取决于商业银行体系、企业、居民的行为之外,还受到中央银行的有力控制。

4. 中央银行在稳定货币和稳定金融中的作用是如何体现出来的？

答：中央银行的首要任务就是稳定货币,并通过稳定货币达到稳定金融、稳定经济的作用。为此,中央银行主要采取以下三方面的措施：

① 对货币供应量的控制。因为社会总需求从价值量上看,为货币供应量乘以货币流通速度。中央银行对货币的供给,对总需求而言就是"总闸门",如果"总闸门"失控,那就会形成虚假货币"空运转",这样既会造成劳动力的极大浪费,又会破坏原有的产业结构和产品结构,从而导致经济循环恶化。所以,中央银行向社会供应最适度的货币量,对经济稳定和发展至关重要。

② 对金融机构实施严格的管理和监督。因为具体经济过程中的货币投放离不开商业银行及其他金融机构的运作,所以中央银行对金融机构的设置、经营范围、资产负债和利率等的管理和监督直接关系到信用规模和货币发行问题。

③ 对金融市场的管理。货币均衡需要以正常的市场环境以及

自由流通、公平交易和正当竞争等为条件,这些都离不开完善的金融市场体系。中央银行对金融市场进行管理,能沟通信用关系,消除不稳定因素,引导金融业务活动,保持良好的运行状态。

5. 美国联邦储备系统的机构设置有何特色,对我国有何参考意义?

答:(1)美国联邦储备系统的最高权力机构是联邦储备委员会,也称理事会。联邦储备委员会由 7 名成员组成,这 7 名成员由总统任命,并须得到参议院的核准,理事会成员的任期为 14 年,每两年更换一人,任期期满后不可连任。理事会主席、副主席由总统在理事会成员中挑选,须得到参议院核准,任期为 4 年,可以连任,最长不得超过 14 年。理事会的经费来源是各家联邦储备银行。

美国联邦储备系统中,还设有联邦公开市场委员会,负责联储在公开市场的操作。其由 12 名成员组成,包括联储理事会的 7 名成员和 5 家联邦储备银行的行长,其中纽约银行的行长为当然性成员,另 4 名由各联储银行轮流担任,任期 4 年。

另外,联邦储备系统还设有联邦顾问委员会、消费者顾问委员会和存款机构顾问委员会,作为理事会的顾问咨询机构。

正因为这样的机构设置,联邦储备系统在美国政府机构中有很强的独立性,某种程度上独立于总统和国会的直接控制。表现在:

① 联储的结构是完全独立的。总统任命联储委员会理事,但后者的任期是 14 年,与总统任期不一致,总统无法在其任期内更换绝大多数理事。这从形式上制约了总统控制联储委员会的可能。一旦委员会和总统有分歧,联储能自由地执行货币政策。联储有权独立地制定货币政策,自行决定采取的措施和运用的政策工具,总统未经国会授权不能对联储发布任何指令。联储没有为财政部弥补赤字的义务和压力,不必长期支持财政融资,与财政部相互独立。

② 联储不同于其他政府机构,对立法机构——国会是独立的。国会主要通过控制财政来制约其他政府机构,但联储的收入自行解决,会计不受国会审核,不申请财政拨款,运行上不受国会制约。

(2)在联邦一级的下面,有联邦储备银行。美国共划分为 12 个联邦储备区,每区设立一家联邦储备银行,并可在本区内的其他城市设立若干分行。各家联邦储备银行属于私营公用事业的股份机构，股东为区内作为联邦储备体系成员的私人商业银行。每家联储银行由 9 名董事形成董事会，来源包括地区银行、地区企业家，以及联邦储备理事会任命的代表公众利益的人员。各家联邦储备银行的职责包括发行新的通货、办理本区内银行的贴现贷款等。它们介入货币政策体现在：

① 对贴现率的制定，虽然需要理事会复审决定；

② 对商业银行贴现贷款的审核确定；

③ 各推选一名商业银行家到联邦咨询委员会任职，向理事会提供咨询，并对货币政策提出建议；

④ 联邦公开市场委员会的 12 票中的 5 票由储备银行的行长取得投票权，除纽约的联储行长固定享有外，其余 4 票轮流承担。同时，另外的 7 名行长仍然列席会议，并参加讨论。

（3）我国的机构设置与美国联邦储备系统有很大的差异。我国的中央银行下设货币政策委员会，它作重大决策时都要报国务院批准，它的组成、程序和任务都由国务院规定，都应报人大批准。所以我国的中央银行虽然有一定的独立性，但某种程度上，它还是受政府的控制。因此，在独立性这方面，美联储的机构设置对我国还是有很大的借鉴意义的。

此外，可以看出美联储系统的两个层次并不是绝对的上下级关系，各储备区的联邦储备银行享有一定的区内货币权力。按区域划分有利于区别不同的经济发展情况采取不同的政策取向。对我国也有一定的参考价值，因为我国地域广阔、发展程度差异很大。但是，仍应注意地方性的措施是不能与中央的总体政策相矛盾的。

同时，美联储的货币政策独立性很多体现在货币政策实施的公开市场操作上；但是，中国暂时难以实现这一手段。因为中国的金融市场包括货币市场很不发达，缺乏一个完善可供操作的场所，当前央行货币政策的很大一部分执行仍然需要银行的信贷配合。由于占中国绝大多数银行市场份额的是国有商业银行，因此它们的行为必然受到政府的干预，这也制约了央行独立执行货币政策目标的实现。

6. 请比较我国货币当局资产负债表与美联储综合资产负债表的结构差异。

答：2007 年底我国货币当局资产负债表与美联储综合资产负债表分别如表 5 - 1、表 5 - 2 所示。

表 5 - 1　我国货币当局资产负债表(2007 年 12 月)

单位：亿元人民币

资产项目	金　额	比　重	负债与资本项目	金　额	比　重
国外资产	124 825.18	73.80%	储备货币	101 545.4	60.04%
外汇	115 168.71	68.09%	货币发行	32 971.58	19.49%
货币黄金	337.24	0.20%	金融性公司存款	68 415.86	40.45%
其他国外资产	9 319.23	5.51%	其他存款性公司	68 094.84	40.26%
对政府债权	16 317.71	9.65%	其他金融性公司	321.02	0.19%
其中：中央政府	16 317.71	9.65%	非金融性公司存款	157.96	0.09%
对其他存款性公司债权	7 862.8	4.65%	活期存款	157.96	0.09%
对其他金融性公司债权	12 972.34	7.67%	发行债券	34 469.13	20.38%
对非金融性公司债权	63.59	0.04%	国外负债	947.28	0.56%
其他资产	7 098.18	4.20%	政府存款	17 121.1	10.12%
			自有资金	219.75	0.13%
			其他负债	14 837.14	8.77%
总资产	169 139.8	100.00%	总负债	169 139.8	100.00%

表 5 – 2 美国联邦储备体系综合资产负债表（2007 年底）

单位：百万美元

资　产　项　目			负债与资本项目		
项　目	金　额	比　重	项　目	金　额	比　重
货币黄金	11 037	1.20%	未偿付的联邦储备券	1 010 262	110.00%
特别提款权	2 200	0.24%	减：联邦银行持有	−218 571	−23.80%
硬币	1 179	0.13%	联邦储备券净额	791 691	86.20%
贷款与证券	835 748	91.00%	出售回购协议证券	43 985	4.79%
定期拍卖信贷	40 000	4.36%	存款	39 003	4.25%
一级、次级和季节性信贷	8 636	0.94%	存款机构存款	20 767	2.26%
购买转售协议证券	46 500	5.06%	财政部一般账户	16 120	1.76%
直接购买财政部证券	740 611	80.64%	国外官方账户	96	0.01%
外汇资产	22 914	2.50%	其他存款	2 020	0.22%
央行间货币互换	24 000	2.61%	延期信贷项目	2 227	0.24%
其他资产	21 308	2.32%	其他负债与增值股利	4 577	0.50%
在途应收项目	2 220	0.24%	总负债	881 484	95.98%
银行不动产	2 144	0.23%	资本金与盈余	36 900	4.02%
所有其他项目	16 944	1.84%			
总资产	918 384	100.00%	总负债与资本	918 384	100.00%

从表5－1可以看出,我国中央银行的负债主要是金融性公司存款、发行债券和流通中的通货。对金融机构负债主要是各商业银行和其他金融机构上缴的存款准备金及各银行和金融机构的超额储备。中央银行的资产主要是外汇储备、对政府的债券以及对金融机构的贷款。可以看出,外汇储备额在中央银行的资产中占有最重要的位置。这是因为近年来在我国持续大规模的"双顺差"以及央行采取冲销式干预措施的背景下,外汇储备迅速膨胀,外汇占款已经成为基础货币的主要投放渠道之一。这表明,中央银行在投放基础货币、调节货币供给方面尚存在较大的被动性。

从表5－2可以看出,在美国中央银行的资产中,证券是最主要的资产项目,其中最主要的部分是直接购买财政部证券(2007年底占总资产比重为80.64%)。证券市场的总额,由公开市场操作控制。而在中央银行的负债中,联邦储备券(即联储发行的流通在外的通货)、出售回购协议证券和存款是主要的负债内容。这种资产负债结构是与西方国家金融市场发达、公开市场业务操作能充分运用的特点相联系的。

比较中国人民银行与美联储资产负债表的结构,我们发现两者有很大的不同。

7. 如何全面评价公开市场业务?

答:公开市场政策作为中央银行最重要的货币政策之一,其优点在于:① 通过公开市场业务可以左右整个银行体系的基础货币量,使它符合政策目标的需要;② 中央银行的公开市场政策具有"主动权",可以根据不同情况和需要,随时"主动出击",而不是"被动等待",这就比贴现政策优越;③ 公开市场政策可以适时、适量地按任何规模进行调节,中央银行既可大量买卖有价证券,又可以在很小程度上买进卖出,这就比威力巨大的法定准备率灵活;④ 中央银行可以根据金融市场的信息不断调整其业务,万一发生经济形势改变,能迅速作反方向操作,以改正在货币政策执行过程中可能发生的错误,而适应经济情形的变化。因而能产生一种连续性的效果,这种效果使社会上对货币政策不易作出激烈反映。相反,其他两种政策工具的运用所产生的一次性效果,很容易引起社会上的强烈反映。

从事公开市场操作时,还需注意以下几点:首先,公开市场业务对货币供应量和利率的影响,应视其买卖净值而定。因为中央银行可以在同一天中同时进行出售和购入业务,如果买进和售出的数额相等,则对货币供给量基本没有影响。对利率变动和结构的影响,则视买卖证券的种类而定,若买卖证券的种类不同,则可能改变利率的期限结构和影响社会的投资结构。其次,中央银行在购入证券后,固然增加商业银行的储备,但此举只能为银行体系的信贷扩张奠定条件,并不能迫使银行非扩张信贷不可。反之,中央银行在出售证券后,固然使商业银行的储备减少,但若银行储备量仍在法定储备量之上,即银行体系仍有剩余储备,则银行体系并无立即收缩信贷的必要。只有当剩余储备已等于零或接近于零时,银行体系才非收缩信贷不可。再次,要采用公开市场政策并产生预期的效果,前提条件是必须要有一个高度发达的证券市场,并且是具有相当的深度、广度和弹性的市场。中央银行也必须持有相当的库存证券,才能开展业务。只有极少数先进国家才具备这些条件,其他的国家都为条件所限制,对这一政策难以完全加以利用。

8. 请简述我国公开市场业务操作的发展与现状。

答:在多数发达国家,公开市场操作是中央银行吞吐基础货币,调节市场流动性的主要货币政策工具,通过中央银行与指定交易商进行有价证券和外汇交易,实现货币政策调控目标。中国公开市场操作包括人民币操作和外汇操作两部分。外汇公开市场操作1994年3月启动,人民币公开市场操作1998年5月26日恢复交易,规模逐步扩大。1999年以来,公开市场操作已成为中国人民银行货币政策日常操作的重要工具,对于调控货币供应量、调节商业银行流动性水平、引导货币市场利率走势发挥了积极的作用。

从交易制度看,中国人民银行从1998年开始建立公开市场业务一级交易商制度。公开市场业务一级交易商(简称"一级交易商"),是指经中国人民银行审定的、具有直接与中国人民银行进行债券交易资格的商业银行、证券公司和信托投资公司。中国人民银行选择了一批能够承担大额债券交易的商业银行作为公开市场业务的交易对象,目前公开市场业务一级交易商共包括 40 家商业银行。

从交易工具看,一级交易商主要可以运用国债、政策性金融债券等与中国人民银行开展公开市场业务。

从交易品种看,中国人民银行公开市场业务债券交易主要包括回购交易、现券交易和发行中央银行票据。其中回购交易分为正回购和逆回购两种,正回购为中国人民银行向一级交易商卖出有价证券,并约定在未来特定日期买回有价证券的交易行为,正回购为央行从市场收回流动性的操作,正回购到期则为央行向市场投放流动性的操作;逆回购为中国人民银行向一级交易商购买有价证券,并约定在未来特定日期将有价证券卖给一级交易商的交易行为,逆回购为央行向市场上投放流动性的操作,逆回购到期则为央行从市场收回流动性的操作。现券交易分为现券买断和现券卖断两种,前者为央行直接从二级市场买入债券,一次性地投放基础货币;后者为央行直接卖出持有债券,一次性地回笼基础货币。中央银行票据(简称“央行票据”)是中国人民银行为调节商业银行超额准备金,而向商业银行发行的短期债务凭证,其实质是中央银行债券,之所以叫“中央银行票据”,是为了突出其短期性特点。央行通过发行央行票据可以回笼基础货币,央行票据到期则体现为投放基础货币。央行票据与金融市场各发债主体发行的债券具有根本的区别:各发债主体发行的债券是一种筹集资金的手段,其目的是为了筹集资金,即增加可用资金;而中央银行发行的央行票据是中央银行调节基础货币的一项货币政策工具,目的是减少商业银行可贷资金量。商业银行在支付认购央行票据的款项后,其直接结果就是可贷资金量的减少。

近年来,我国双顺差规模不断扩大,中国人民银行采取了“冲销式干预”的政策,在此背景下,公开市场业务这一工具越来越重要。

9. 中央银行在调节货币供求均衡中的作用及其特点是什么?

答:(1) 作用:

① 根据经济发展的客观需要,提供适度的货币供给。

② 为社会经济的正常运转提供良好的货币金融环境。

③ 对来自其他方面的经济干扰因素,发挥抵消作用。也就是,在经济过度繁荣和出现通货膨胀时期,压低货币供应量的增长率,提高利率,抑制社会总需求的增长,以缓和通货膨胀带来的压力;在经济萧条和衰退期,提高货币供给的增长率,降低利率,刺激总需求的迅速增长,以促进整个经济的繁荣发展。

(2) 特点:中央银行会针对具体的货币供求状况来调节货币的供求均衡。

① 货币供求均衡时,采取中立的货币政策,货币供应量由经济过程中各种力量决定,中央银行不必从外部予以调节。

② 货币供给不足时,采取扩张性的货币政策,增加货币供给,降低市场利率。

③ 货币供给量过多时,采取紧缩性的货币政策,缩减货币供给,提高市场利率。

④ 货币供给和货币需求构成不相适应时,一些经济部门由于需求不足、商品积压,另一些经济部门则需求过度、商品供不应求、价格上涨。这表明整个经济结构失调,此时应当采取有松有紧、松紧搭配的货币政策,通过调整货币供给的构成和流向,改变这种供求结构不相适应的状况,促使供求结构趋于协调,以促进整个经济的协调发展。

10. 我国现阶段为什么还不宜使用利率或汇率作为货币政策中间目标?

答:关键问题在于现阶段我国的利率或汇率并未实现真正意义上的市场化,因而对微观经济主体行为的调节作用力度相当有限。名义上的银行间同业拆借市场,国债一级、二级市场利率放开,外汇汇率实行管理浮动,但实际上仍然主要通过官方确定利率、汇率水平。因此,现阶段还不具备条件将利率或汇率作为货币政策的中介指标,并借助它们来传导政策的意向。

11. 中央银行货币政策目标的具体含义是什么? 它们之间的矛盾何在?

答:(1) 货币政策目标的具体含义:

① 稳定物价。所谓稳定物价,就是指在某一时期,设法使一般

物价水平保持大体稳定。也即在某一时期,平均的价格是相对不变的。这并不意味着,个别商品的价格是稳定的。在动态经济中,整个价格的稳定是与个别市场的价格变动相一致的。在实际生活中,整个社会物价稳定的同时,会出现某种商品价格可能上涨或下跌的情形。因为当社会对某种商品的需求增加,价格就上涨,这促使这种商品生产增加,以满足对商品需要的增加,价格机制自动发挥作用。这种价格变动,往往会促使全社会资源得以有效地分配,提高整个社会的经济效益。所以,货币政策目标不是简单地抑制物价水平的上升,而是保持物价总水平的基本稳定。物价上涨与通货膨胀不是同义词,但稳定物价的实质是控制通货膨胀,防止物价普遍、持续、大幅度的上涨。物价"稳定"到什么程度呢? 具体指标视各国不同情况而有异。但是,任何国家都想把物价上涨控制在最小的幅度内。1970 年后,各国通货膨胀日益严重,成为经济上的普遍问题,各国都把反通货膨胀、稳定物价当作主要目标。

②　充分就业。充分就业并不意味着每个人都有工作,或每个劳动力在现行工资率下都能有一个职位。实际上,充分就业是同某种数量的失业同时存在的,在动态经济中,社会总存在某种最低限度的失业。失业有两种情况:一是摩擦性失业,即由于经济制度的动态结构、技术、季节等原因短期内劳动力的供求失调而造成的失业;二是自愿失业,即工人不愿意接受现行的工资水平或嫌工作条件不好而造成的失业。这两种失业是任何社会经济制度下都难以避免的。

除了自愿失业和摩擦性失业之外,任何社会都还存在一个可承受的非自愿失业幅度。即劳动者愿意接受现行的工资水平和工资条件,但是仍然找不到工作,即对劳动力需求不足而造成的失业。所以,充分就业并不意味着失业率等于零。

通常以失业率,即失业人数与愿意就业的劳动力的比率来表示就业状况。那么,失业率多少就可称之为充分就业呢? 或者说一国的可容忍失业程度为多大呢? 有的经济学家认为,3%的失业率是充分就业,也有的认为,失业率长期维持在 4%—5%算充分就业;而在美国,大多数经济学家则认为,失业率在 5%左右就是充分就业。因此,究竟失业率为多少才是充分就业,只能根据不同的经济发展状况来判断。制定一个准确的指标,作为合理的失业水平,是很难办到的。

③ 经济增长。经济增长是指一国人力和物质资源的增长。经济增长的目的是为了增强国家实力,提高人民生活水平。经济增长常常带来一些社会问题,如环境污染。靠破坏生态平衡、污染环境带来的经济增长,不能算是真正的经济增长;同时价格上涨常常会引起国民生产总值的增加,这也并不表示经济增长。衡量经济增长最常用的方法是,以剔除价格因素后的国民生产总值增长率来衡量一国的经济增长状况。

④ 国际收支平衡。国际收支状况是一个国家同世界其他国家之间的经济关系,反映一国一定时期对外经济往来的综合情况。一国国际收支会出现三种情况:A. 国际收支逆差;B. 国际收支顺差;C. 国际收支平衡。真正达到国际收支相等是很难办到的,短期的逆差和顺差是常有的事。在一定条件下,逆差不一定是坏事,它意味着得到了所需要的外国商品和服务,提供了必要的援助,有利于吸收国内市场偏多的货币,增加商品供应。而所有国家的国际收支都保持顺差是不可能的,这意味着经济关系无法维持下去。因此,各国中央银行货币政策中国际收支平衡的目标,就是要努力实现一个国家对外经济往来中的全部货币收入和货币支出大体平衡或略有顺差、略有逆差。避免长期的大量顺差或逆差,使国际收支经常处于大体平衡。在决定货币政策时,不能单纯考虑通货膨胀、失业和经济增长等方面,国际经济关系的稳定也是货币政策的主要目标。

(2) 政策目标之间的矛盾:

货币政策的四个目标,都是国家经济政策的战略目标的组成部分,它们既有一致性,又有矛盾性,各国在决定货币政策时都必须充分考虑到这一点。要同时实现四个目标是非常困难的。通过某种货币政策工具实现某一货币政策目标的同时,常常会干扰其他货币政策目标的实现。具体表现在:

稳定物价与充分就业之间的矛盾。失业率与物价上涨率之间存在着一种此消彼长的关系。要保持充分就业,就必须扩大生产规模,增加货币供应量,物价就要上涨;要降低物价上涨率,就要紧缩银根,压缩生产规模,这又会提高失业率。稳定物价与充分就业是一对矛盾,要实现充分就业目标,必然要牺牲若干程度的物价稳定;为要维持物价稳定,又必须以提高若干程度的失业率为代价。

经济增长与国际收支平衡之间的矛盾。经济迅速增长,就业增加,收入水平提高,结果进口商品的需要比出口贸易增长更快,促使国际收支状况恶化。要消除逆差,必须压缩国内需求,但紧缩的货币金融政策又同时会引致经济发展缓慢乃至衰退,失业增加;这时又采取扩张性货币政策,促进经济增长,但又会因为输入猛增,通货膨胀,国际收支出现逆差。

物价稳定同经济增长之间是否存在矛盾,这个问题颇有争议。有的人认为,通货膨胀可作为经济增长的推动力;有的人认为,通货膨胀与经济增长是形影不离的;也有的人认为,除非保持物价稳定,否则不能实现持续的经济增长。从根本上讲,经济的增长和发展,为保持物价稳定提供了物质基础,两者是统一的。关键在于采取什么样的政策来促进经济增长。如果采取通货膨胀政策来刺激经济发展,暂时可能奏效,但最终会使经济发展受到严重影响。通货膨胀使物价上涨,又迫使政府采取反通货膨胀政策,降低经济增长率。

总之,要保持高速的经济增长率,又要防止通货膨胀,这确实是一道难题。要做到合理的经济增长率,较低的失业水平,适当的物价稳定,三者同时兼顾,同时实现这些目标是不容易的。

事实已证明,货币政策各个目标之间的矛盾是客观存在的。强调一个或两个目标,其他目标可能会向反方向发展;要实现一个目标,可能要牺牲其他目标。因此,在制定货币政策时,要根据各国的具体情况,在一定时间内选择一个或两个目标作为货币政策的重点目标。例如当前许多国家都把控制通货膨胀作为首要政策目标。随着经济形势、政治局面的变化,政策目标的侧重点也会有变化。

12. 影响货币政策效果的因素有哪些?

答:影响货币政策效果的因素:

① 货币政策的时滞。货币政策从制定到获得最终目标的实现,

必须经过一段时间,这段时间称为货币政策的时滞(time lag),它是影响货币政策效果的重要因素。通常货币政策的时滞大致有三种:第一种为认识时滞(recognition lag),即从需要采取货币政策行动的经济形势出现到中央银行认识到必须采取行动所需要的时间。第二种为决策时滞(decision lag),即从认识到必须采取行动到实际采取行动所需的时间。上述两种统称为货币政策的内在时滞(inside lag)。第三种为货币政策的外在时滞(outside lag),即从采取货币政策措施到对经济活动发生影响取得效果的时间。内在时滞的长短取决于货币当局对经济形势发展的预见能力、制定对策的效率和行动的决心等,一般比较短促,也易于解决。只要中央银行对经济活动的动态能随时、准确地掌握,并对今后一段时期的发展趋势作出正确的预测,中央银行对经济形势的变化,就能迅速作出反应,并采取相应的措施,从而可以减少内在时滞。而外在时滞所需时间较长,货币当局采取货币政策行动后,不会立即引起最终目标的变化,它需影响中间目标变量的变化,通过货币政策传导机制,影响到社会各经济单位的行为,从而影响到经济总目标,这需要时间。但究竟这种时滞有多长时间,以及对货币政策效果的影响力度如何,西方国家的学者有不同看法:一派认为,这一时滞相当长,约两年左右,而且变幻无常;另一派学者则认为,时滞不过为6—9个月而已。

② 合理预期因素的影响。合理预期对货币政策效果的影响,是指社会经济单位和个人根据货币政策工具的变化对未来经济形势进行预测,并对经济形势的变化作出反应。这可能会使货币政策归于无效。例如,政府拟采取长期的扩张政策,只要公众通过各种途径获得一切必要信息,他们将意识到货币供应量大幅度增加,社会总需求会增加,物价会上涨,认为这是发生通货膨胀的信号。在这种情况下,工人会通过工会与雇主谈判提高工资,企业预期工资成本的增大而不愿扩展经营或人们为了使自己在未来的通货膨胀中免受损失,提前抢购商品。最后的结果是只有物价的上涨,而没有产出的增长。显然,公众对金融当局采取政策的预期及所采取的预防性措施,使货币政策的效果大打折扣。

③ 其他因素的影响。除以上因素外,货币政策的效果也受到其他外来或体制因素的影响,如客观经济条件的变化。一项既定的货币政策出台后总要持续一段时期,在这一时期内,如果经济条件发生某些始料不及的情况,而货币政策又难以作出相应的调整时,就可能出现货币政策效果下降,甚至失效的情况。政治因素对货币政策效果的影响也是巨大的,当政治压力足够时,就会迫使货币政策进行调整或影响其效果。

13. 货币政策与财政政策的协调政策有哪几类以及具体内容是什么?

答:中央银行的货币政策若想获得最大效果,则必须与政府其他部门,特别是财政部的充分合作和协调。货币政策和财政政策的共同点在于,通过影响总需求并进而影响产出。货币政策是通过利率调节货币需求,进而影响总需求;财政政策是政府对其支出和税收进行控制,并进而影响总需求。在调控经济活动时,为了避免相互抵消作用,增强调控力度,就要货币政策与财政政策相互协调配合。

① 松的财政政策和松的货币政策配合。这种配套产生的政策效应是财政和银行都向社会注入货币,使社会的总需求在短时间内迅速得到扩展,对经济活动具有强烈的刺激作用。但是,运用这种配合要在一定条件下才是可取的,即只有在经济中存在大量未被利用的资源时采用。如果没有足够的闲置资源,那么将会导致通货膨胀,后果严重。

② 紧的财政政策和紧的货币政策配合。在这里,货币当局加强回收贷款,压缩新贷款,紧缩银根,压缩社会总需求;财政部压缩财政支出,增加在中央银行的存款,减少社会货币量。这双重压缩,使社会上的货币供应量明显减少,社会总需求得以迅速收缩。这种政策能有效刹住恶性通货膨胀,但要付出经济萎缩的代价。

③ 紧的财政政策和松的货币政策。这种配套中,财政收支严加控制,年度收支保持平衡,甚至有盈余;银行则根据经济发展需要,采取适当放松的货币政策。这适合于财政赤字较大,而经济处于萎缩的状态时采用。

④ 松的财政政策和紧的货币政策。在这种配合中,银行严格控制货币供应量,同时适当扩大财政支出,可动用历年结余,也可用赤字办法来扩大支出。这适合于经济比较繁荣,而国家投资支出不足时采用。

西方国家往往将货币政策与财政政策相配合运用,以达到政策的最佳效果。如何配合,采取哪种模式,均视经济情况需要而灵活运用。不管如何,财政政策与货币政策的配合才能达到最佳效果,已为许多国家的实践所证实。

14. 在中央银行与政府的关系中,美国联邦储备系统是独立性较大的模式的典范,试从联储的结构及运行机制上对其独立性进行讨论。

答:联储在美国政府机构中有着独一无二的地位,某种程度上独立于总统和国会的直接控制,这主要表现在以下两个方面:

① 联储的结构是完全独立的。美国总统征得国会参议院的同意任命联储委员会理事,以及该委员会的主席和副主席。但委员会理事的任期是 14 年,与总统任期不一致,总统无法在其任期内更换绝大多数理事。这就从形式上制约了总统完全控制联邦储备体系委员会的可能性,而一旦委员会同总统有政策意见上的差异,联储能自由地执行货币政策而不必担心被解散,即使总统可能反对这一政策。联储只需国会授权,无须总统批准,有权独立地制定货币政策,自行决定采取的措施和运用政策工具。总统未经国会授权不能对联储发布任何指令。联储对总统的独立性,使联储没有为财政部弥补赤字的义务及压力,不必长期支持财政融资,与财政部相互独立。

② 联储不同于其他政府机构,对立法机构——国会是独立的。这主要体现在其运行的特点上。虽然联储向国会报告工作,对国会负责,但在现有的法律制约内,它是相对独立于国会的。国会制约其他政府机构的一个最主要的手段就是控制财政,由于联储的收入是自己解决的,会计不受国会审核,因而不必像其他政府机构一样每年申请财政拨款,时时为下一年的经费而求助于国会,从而其运行不受国会的制约。12 个联邦储备银行的收入大大超过联邦储备系统的支出,这使联储的独立性得到进一步的增强。

联储的独立性是优是劣虽然仍有争议,但就一种独立性较大的中央银行模式来讲,美国联储系统是很有代表性的。

15. 试比较凯恩斯学派和货币学派的货币政策传导机制的理论。

答:货币政策的传导机制就是货币政策工具的运用引起中间目标的变动,从而实现中央银行货币政策的最终目标这样一个过程。对货币政策传导机制的分析,在西方,主要有凯恩斯学派传导机制理论与货币学派传导机制理论。

(1)凯恩斯学派的货币政策传导机制理论模型中,资产由货币和债券两部分组成,而模型中的主要环节是利率。货币政策的传导先是通过货币供应量的变动而影响利率水平,再经利率水平的变动改变投资活动水平,最后导致收入水平的变动,即

$$货币政策工具 \rightarrow M\uparrow \rightarrow r\downarrow \rightarrow I\uparrow \rightarrow E\uparrow \rightarrow Y\uparrow。$$

其中,r 是利率;M 是货币供应量;I 是投资;E 是总支出;Y 是收入。

货币政策对收入水平影响的大小取决于以下几个方面:

① 货币政策对货币供应量的影响。这取决于基础货币和货币乘数。

② 货币供应量的变化对利率的影响。这取决于流动性偏好,即货币需求的利率弹性所反映的货币与利率之间的关系。

③ 利率变动对投资水平的影响。这取决于投资的利率弹性。

④ 投资水平对收入水平的影响。这取决于投资乘数的大小。

这个传导机制可能有两个障碍,一是货币市场上的"流动性陷阱",即当利率下降到某一限度以后,任何货币量的增加,都会被无限增大的货币投机需求吸收掉,从而不可能发生资产结构的调整;二是可能出现投资对利率缺乏弹性的现象,即利率降低对投资支出没有效应,从而利率下降,并不能有效地刺激投资。

(2)货币学派的货币政策传导机制理论认为,利率在货币政策传导机制中不起重要作用,而更加强调货币供应量在整个传导机制中的直接效果。他们认为,货币是一种具有独特性质的资产,它是包

括实物资产和金融资产在内的国有资产的替代物,因此货币政策传递机制同时在货币市场和商品市场进行:增加货币供应量在开始时会降低利率,使银行贷款增加,货币收入增加和物价上升,从而导致消费支出和投资支出增加,引起产出提高,直到物价上涨将多余的货币量完全吸收掉为止。因此,货币政策的传导机制主要不是通过利率间接地影响投资和收入,而是通过货币实际余额的变动直接影响支出和收入,即

$$货币政策工具 \rightarrow M \rightarrow E \rightarrow Y。$$

从以上分析可以看出,两种学派的侧重点不一样,牵涉到市场及传导机制也不一样,因此采用何种学派的思想将直接影响到货币政策及其执行方式的选择。

16. 请比较各种货币政策的传导机制。

答:货币政策的传导机制,是指货币政策工具的运用引起中间目标的变动,从而实现中央银行货币政策最终目标这样一个过程。以下是一些关于货币政策传导机制的一些主要理论观点。

(1)传统的利率传导机制。

以利率为渠道是传统凯恩斯学派货币政策传导机制的核心,其基本思路可以表示为:货币政策工具 $\rightarrow$ M(货币供应) $\uparrow$ $\rightarrow$ r(利率) $\downarrow$ $\rightarrow$ I(投资) $\uparrow$ $\rightarrow$ Y(总收入) $\uparrow$。货币政策的作用过程:先是通过货币供应量的变动影响利率水平,再经过利率水平的变动改变投资活动水平,最后导致收入水平的变动。货币政策对收入水平影响大小取决于:货币政策对货币供应量的影响,这取决于基础货币和货币乘数;货币供应量对利率的影响;利率对投资水平的影响;投资水平对收入的影响,这取决于投资乘数的大小。

(2)资产价格渠道的传导机制。

货币主义学派反对用 IS−LM 模型来分析货币政策对经济的影响的一个重要原因就是,它只专注于一种资产价格即利率,而不是考虑许多资产价格。在货币学派提出的传导机制中,货币政策是通过其他相关的资产价格以及真实财富作用于经济的。因此与凯恩斯学

派观点不同,货币主义学派不认为利率在传导机制中具有重要作用,而是强调货币供应量在整个传导机制中的直接作用。他们认为,货币政策的传导机制主要不是通过利率间接地影响投资和收入,而是通过实际货币余额的变动直接影响支出和收入,即:货币政策工具→M→E→Y。

除了反映利率水平的债券以外,还有以下一些资产的价格是我们需要关注的:① 汇率渠道。随着经济全球化的发展和浮动汇率的出现,汇率对净出口的影响已成为一个备受关注的货币政策传导机制。其具体过程为:货币政策工具→M(货币供应)↑→r(利率)↓→e(汇率)↓即本币贬值→NX(净出口)↑→Y(总收入)↑。② 股价渠道。就货币传导机制而言,有两种重要的与股本价格相关的渠道:托宾的 q 理论和消费的财富效应。托宾 q 理论的货币政策传导机制:货币政策工具→M(货币供应)↑→P_e(股票价格)↑→q↑→I(投资)↑→Y(总收入)↑;财富效应的货币传导机制:货币政策工具→M(货币供应)↑→P_e(股票价格)↑→财富↑→消费↑→Y(总收入)↑。

(3) 信贷渠道的传导机制。

由于传统的利率效应对货币政策如何影响长期资产成本的解释并不能令人满意,由此一种新的强调金融市场不对称信息的货币政策传导机制应运而生。信贷市场上的信息不对称问题产生了两种货币政策传导渠道:银行贷款渠道及资产负债表渠道。① 银行贷款渠道。简化的银行贷款渠道的传导机制就是:货币政策工具→M(货币供应)↑→银行存款↑→银行贷款↑→I(投资)↑→Y(总收入)↑。② 资产负债表渠道。资产负债表渠道也产生于信用市场中的信息不对称。货币政策可以通过多条途径来影响公司的资产负债表:首先,扩张性的货币政策使股票价格上升,增加公司的资产净值。由于逆向选择和道德风险下降,使得投资增加,引起总需求上升。即:货币政策工具→M(货币供应)↑→P_e(股票价格)↑→净值↑→贷款↑→I(投资)↑→Y(总收入)↑。其次,降低名义利率的扩张性货币政策改善了公司的资产负债表,因为它增加了现金流,因而降低了逆向选择和道德风险。于是又形成了另外一条资产负债表渠道:货币政策工具→M(货币供应)↑→r(利率)↓→现金流↑→贷款↑→I(投资)↑→Y(总收入)↑。最后,由于债务一般是事先确定的,并且利率通常是固定的,因此通货膨胀率的增加会使债务的实际价值减少,降低企业的债务负担,然而却不会降低公司资产的实际价值。所以,货币扩张会使公司实际净资产价值增加,降低逆向选择和道德风险,从而使投资和总产出增加。即:货币政策工具→M(货币供应)↑→P(未预期物价水平)↑→净值↑→贷款↑→I(投资)↑→Y(总收入)↑。

17. 试评述传统的三大货币政策工具的优缺点。

答:中央银行的货币政策工具可分为一般性政策工具和选择性政策工具,传统的三大货币政策工具就属于一般性政策工具的范畴,也就是我们通常所说的"三大法宝":再贴现政策、存款准备金政策和公开市场政策。

(1)再贴现政策。商业银行或其他金融机构以贴现所获得的未到期票据向中央银行所作的票据转让,被称为再贴现。再贴现政策是指中央银行通过直接调整或制定对合格票据的贴现利率,来干预和影响市场利率以及货币市场上的供给和需求,从而调节市场货币供应量的一种货币政策。再贴现政策的优点有二:一是能通过影响商业银行或其他金融机构向央行借款的成本来达到调整信贷规模和货币供应量的目的,再贴现率上升,商业银行向中央银行借款的成本上升,商业银行会提高对企业的放款利率以平衡收支,从而社会对借款的需求减少,达到了收缩信贷规模的目的。二是能产生一种"告示效应",即贴现率的变动,可以作为向银行和公众宣布中央银行政策意向的有效办法,可以表明中央银行货币政策的信号与它的方向,从而达到心理宣传效果。

再贴现政策的局限表现在中央银行处于被动地位,往往不能取得预期的效果。因为再贴现政策只能影响来贴现的银行,对其他银行只是间接地发生作用,政策的效果完全取决于商业银行的行为。另外,再贴现政策工具的灵活性比较小,缺乏弹性,若央行经常调整再贴现率,会使市场利率经常波动,从而使企业和商业银行无所适从。

（2）存款准备金政策。存款准备金政策是指中央银行在法律所赋予的权力范围内,通过调整商业银行交存中央银行的存款准备金比率,来改变货币乘数,控制商业银行的信用创造能力,间接地控制社会货币供应量的活动。

其优点有三：一是有较强的告示效应,这点等同于再贴现政策;二是法定存款准备金政策是具有法律效力的,威力很大,这种调整有强制性;三是准备金调整会使货币供应量产生很大变化,主要通过两个方面:对货币乘数的影响和对超额准备金的影响。其缺点也主要是缺乏应有的灵活性,正因为该政策工具有较强的通知效应和影响效果,所以其有强大的冲击力。这一政策工具只能在少数场合下使用,它只能作为调节信用的武器库中一件威力巨大,而不能经常使用的武器。

（3）公开市场政策。所谓公开市场政策,是指中央银行在证券市场上公开买卖各种政府证券,以控制货币供应量及影响利率水平的行为。

公开市场政策的优点在于以下四点：

① 通过公开市场业务可以左右整个银行体系的基础货币量,使它符合政策目标的需要。

② 中央银行的公开市场政策具有"主动权",即政策的效果并非取决于其他个体的行为,央行是"主动出击"而非"被动等待"。

③ 公开市场政策可以适时、适量地按任何规模进行调节,具有其他两项政策所无法比拟的灵活性,中央银行卖出和买进证券的动作可大可小。

④ 公开市场业务有一种连续性的效果,央行能根据金融市场的信息不断高速发展其业务,万一发生经济形势改变,可以迅速作反方向操作,以改正在货币政策执行过程中可能发生的错误来适应经济情形的变化,这相对于其他两种政策工具的一次性效果更是优越。

其主要的缺点：一是对经济金融的环境要求高,因为公开市场来龙去脉的一个必不可少的前提是有一个高度发达完善的包括有相当的深度、广度和弹性的市场环境;二是证券操作的直接影响标的是准备金,对商业银行的信贷扩张和收缩还只是起间接的作用。

第六章　金融抑制、深化和创新

第一节　习　　题

(一) 判断题

1. 发展中国家经济的严重的"分割性"造成企业内部积累融资盛行而储蓄不足,这是造成发展中国家金融抑制的一个重要原因。（　　）

2. 实行"金融抑制"的国家往往采取高于通货膨胀率的名义利率及低估本币的汇率。（　　）

3. 金融深化的主要内容包括取消不恰当的利率限制、确定一个合适的实际利率水平及紧缩汇率限制。（　　）

4. 金融深化需要财政政策的配合,包括合理规划财政税收,如减少不必要的财政补贴、配给及增税而增加社会总收入。（　　）

5. 以"金融深化"为主题的金融改革的一个重要方面是减少金融机构审批限制,以促进金融同业竞争。（　　）

6. 经济环境中的风险增大,尤其是通货膨胀率和市场利率变化莫测是金融创新产生的重要原因之一。（　　）

7. 中国的中央银行——中国人民银行自建立以来一直只行使中央银行的各项职能。（　　）

8. 金融机构从传统的单一结构向集团化方向发展是金融机构创新的主要表现之一。（　　）

(二) 选择题

1. 以下发展中国家的经济弊端中,与"分割性"无关的是:_____。

　　A. 企业"内源融资"盛行　　　　B. 政府人为干预经济

　　C. 银行利率上限　　　　　　　　D. 储蓄不足

2. 以下金融抑制的表现当中,属于发展中国家金融管理方面的弊病的有:_____。

　　A. 财政政策和货币政策互相矛盾

　　B. 金融工具的单调

　　C. 经济上长期存在分割性

　　D. 金融市场不健全

3. 以下改革措施当中,不属于金融深化的范畴的是:_____。

　　A. 取消利率上限,以减少通货膨胀

　　B. 放松汇率限制以减少高估货币对出口的打击

　　C. 统一并减少金融工具的种类

　　D. 允许金融机构之间开展竞争

4. 金融深化论经过补充和发展日臻完善,具有重大的贡献和深远的影响,主要表现在以下几个方面,指出其中不属于金融深化论理论贡献的一项是:_____。

　　A. 批判了传统经济理论中关于货币与实物资本是相互竞争的替代品的假设,认为其不适合落后经济

　　B. 强调了金融体制和政策在经济发展中的核心地位

　　C. 发展中国家要消灭经济割裂带来的生产力差异

　　D. 指出引进外资的重要性及其对该国金融的推动作用

5. 在20世纪60年代中期开始实施金融改革试验的国家有:_____。

　　A. 乌拉圭　　　B. 韩国　　　C. 智利　　　D. 阿根廷

6. 20世纪70年代至80年代美英等国的通胀率都在两位数以上,这从以下_____方面影响并促成金融创新。

　　A. 使经济环境中风险增大

　　B. 使金融管理环境变化

C. 使国际金融业飞速发展并使竞争日趋激烈

D. 促使金融业的技术进步

7. 以下金融战略的创新中,不是金融业的现实发展趋势的是:_____。

A. 竞争策略　　　　　　　B. 政府策略

C. 变革策略　　　　　　　D. 合并策略

8. 下列金融创新当中,不属于规避利率风险的创新的是:_____。

A. 大额可转让提单(CDs)

B. 货币市场共同基金(MMMF)

C. 利率定价模式的创新

D. "回购协议"交易

9. 下列金融工具的创新当中,不属于规避金融管制的创新的是:_____。

A. 自动转账制度(ATS)

B. 信用卡

C. 可转让支付命令账户(NOW)

D. 回购协议

10. 以下金融市场的建立和发展不是在中国金融改革中出现的是:_____。

A. 同业拆借市场　　　　　B. 证券市场

C. 外汇市场　　　　　　　D. 对外开放的资本市场

(三) 名词解释

1. 金融自由化

2. 回购与逆回购

3. 实际货币需求

4. 回购协议

5. 金融抑制

6. 金融深化

7. 金融创新

8. 内源性融资

9. 货币市场共同基金

10. 票据发行融资

11. 短期融资券

12. 中期票据

13. 券款对付(DVP)

(四) 问答题

1. 发展中国家中,金融抑制常见的手段有哪些?

2. 为什么说发展中国家经济的分割性是造成金融抑制的一个重要原因?

3. 简析规避性金融创新理论。

4. 金融创新理论有哪些?

5. 金融创新的影响有哪些?

6. 简述 1979 年以来我国的金融体制改革。

7. 金融深化论的理论贡献有哪些?

8. 金融抑制的根源、手段和表现是什么?

9. 金融抑制的负面效应是什么?

10. 金融深化的主要内容是什么?

11. 金融创新的主要内容是什么?

12. 促进金融创新的因素是什么?

13. 试用"金融抑制"理论分析我国金融发展中面临的问题及对策。

14. 试析"金融深化"理论对我国的借鉴。

15. 请简单介绍我国利率市场化改革的发展进程。

(五) 计算题

浮动利率安排是一种规避利率风险的手段,设现在需要筹措资金 100 万元,期限 1 年,有两种方案:

(1) 以 5% 的固定利率借入资金;

(2) 以 LIBOR 的变动如表 6 - 1 所示。

求(1),(2)两种方案各支付的利息(设利息每 3 个月支付一次)。

表 6 - 1

时　间	当　前	3 个月后	6 个月后	9 个月后
LIBOR	4.5%	4.6%	4.8%	4.7%

第二节　习题答案

(一) 是非判断题

1. √　2. ×　3. ×　4. ×　5. √　6. √　7. ×　8. √

(二) 选择题

1. C　2. A　3. C　4. D　5. B　6. A　7. A　8. D　9. B
10. D

(三) 名词解释

1. 金融自由化：就是放松过多的行政干预，让金融体系充分发挥其有效地配置资金的作用，以促进经济的增长。除了利率、汇率和财政的改革之外，还包括：放松对金融业务过多的限制，允许金融机构之间展开竞争，大力发展各类金融市场、增加金融工具、改善对外贸易和吸引外资的环境，等等。

2. 回购与逆回购："回购"名称的由来与资金融入方在回购到期时按约定"购回"债券的行为有关。我们所指的"回购"通常是站在资金融入方的角度而言的，因此融入方一般称为回购方。与此相对应，回购方的对手方也就是资金的融出方，一般称作返售方或逆回购方。同一项交易如果站在逆回购方角度看，也可称为是一笔逆回购交易。

3. 实际货币需求：麦金农认为，金融深化的核心内容是"促进实际货币需求的增长"。他将发展中国家的货币需求用以下这个函数来表达，即 $(M/P)^d = L(Y \cdot I/Y \cdot D - P^*)$。其中，$(M/P)^d$ 表示实际货币需求；Y 代表收入；I 指投资；I/Y 为投资占收入之比；D 是各类存款名义利率的加权均数；P^* 是预期的通货膨胀率。

4. 回购协议：也称再购回协议，是指商业银行进行短期融资的一种方式。其含义是指出售证券等金融资产时签订协议，约定在一定的期限后按原定价格或约定价格购回所卖证券,从而获得即时可用资金。回购协议通常只有一个交易日。回购协议所涉及的证券主要是国债。

5. 金融抑制:这是 20 世纪 70 年代初由经济学家爱德华·肖和罗纳德·麦金农等人建立的专门研究发展中国家金融发展和经济发展之关系的一种理论。他们认为,发展中国家普遍存在着对金融部门的过多不合理的管制,如金融体系不健全、金融市场机制未充分发挥作用等,受到压制的金融体系反过来又阻碍着本国经济的发展,从而深刻而形象地指出了许多发展中国家经济增长缓慢的症结。

6. 金融深化:该理论针对发展中国家"金融抑制"的现实,提出了发展金融产业的政策措施,主要的一点是放松过多的行政管制,让金融体系充分发挥市场机制本身的有效配置资源的机能,以促进经济增长,其内容包括提高实际利率水平、放松汇率管制以及财政体制改革等,这对发展中国家的经济增长有重要参考价值。

7. 金融创新:这是西方发达国家对世界经济一体化、金融风险加剧、金融管理环境变化的现实,自 20 世纪 60 年代以来开始的一场规模巨大、影响广泛的金融体系的变革活动,其内容包括:突破传统的金融格局和金融政策,在金融工具、金融方式、金融技术、金融机构和金融市场等几方面进行明显的变革。金融创新为经济的增长创造了新的推动力,也产生了一系列关于金融管理的问题。

8. 内源性融资:这是发展中国家在"金融抑制"下的一个常见现象——由于经济和金融体制具有"分割性",国内的资金处于分散的经济单位中,金融市场的分裂性和金融机构的有限性也阻碍了资金的跨行业、跨地区的流通,从而导致投资的资金只能依赖于本企业内部的积累,而非金融机构的提供,这就叫做"内源性融资"。"内源性融资"进一步减少了企业和个人的储蓄倾向,严重影响了社会的再投资能力。

9. 货币市场共同基金:这是 20 世纪 70 年代出现的以规避利率风险为目的的一种新式金融工具。它是一种开放式的共同基金,主要从事短期证券投资,为中小投资者提供了参与大型投资市场的机会——当人们购买了该基金的股份时,便成为其股东,基金将零散的资金汇集起来专门投资于证券市场,股份允许赎回和转让以使投资者的收益不会因市场利率的波动而遭受大的损失(其投资回报相对稳定)。

10. 票据发行融资:这是 20 世纪 80 年代初出现的融资业务方式的创新。银行不直接向融资人提供贷款,而是以承购或备用信贷的方式来支持借款人发行 3—6 个月的短期商业票据。这是一种兼有银行贷款和证券筹资的灵活的融资方式,表明传统的银行业和证券业的区别将不再明显。

11. 短期融资券:是由企业发行的无担保短期本票。在我国,短期融资券是指企业依照相关条件和程序在银行间债券市场发行和交易,并约定在一定期限内还本付息的有价证券,是企业筹措短期(1年以内)资金的直接融资方式。

这些条件和程序,在 2005 年至 2008 年 4 月主要由《短期融资券管理办法》规定,2008 年 4 月由《银行间债券市场非金融企业债务融资工具管理办法》规定。2005 年 5 月,中国人民银行发布了《短期融资券管理办法》,支持企业在银行间债券市场发行短期融资券,以期拓宽企业直接融资的渠道;为进一步完善银行间债券市场管理,促进非金融企业直接债务融资发展,2008 年 4 月中国人民银行公布了《银行间债券市场非金融企业债务融资工具管理办法》。

12. 中期票据:国际金融市场称作 MTN(medium term notes 的简称),是企业在银行间债券市场发行的、约定在一定期限内还本付息的直接债务融资工具,期限一般为 3 年或 5 年。在欧洲货币(euro currency)市场发行的中期票据,称为欧洲中期票据(EMTNs)。在我国,企业发行中期票据受中国人民银行监管,在银行间市场交易商协会注册一定额度后,可以按需分期发行,无需担保、资产支持或其他复杂交易结构。2008 年 4 月,央行启动了中期票据的发行;但 6 月底暂停;此后央行同意中国银行间市场交易商协会从同年 10 月 6 日起继续接受非金融企业中期票据发行的注册。

13. 券款对付(DVP):即 delivery versus payment 的简称,是指

债券交易达成后,在双方指定的结算日,债券和资金同步进行交收并互为条件的一种结算方式。为规范银行间债券市场券款对付结算业务,统一券款对付结算业务处理流程,防范结算风险,提高结算效率,《中国人民银行公告〔2008〕第 12 号》规定,中央国债登记结算有限责任公司是中国人民银行指定的全国银行间债券市场债券托管结算机构,通过中央债券综合业务系统(简称簿记系统)和中国人民银行大额支付系统(简称支付系统)的连接,为全国银行间债券市场参与者的债券业务提供 DVP 结算服务。

(四) 问答题

1. 发展中国家中,金融抑制常见的手段有哪些?

答:发展中国家中,金融抑制的常见手段有:

由于惧怕高利率会引发高通胀,一些发展中国家政府采取了规定存贷款利率上限的做法,这种僵硬的名义利率往往低于实际的通货膨胀率,导致资金需求远远大于供给,于是借款人纷纷转向非组织的金融市场来寻求所需的资金。这种游离于金融体系之外的融资,反过来又加剧了金融管制的盛行,如信贷配给等。

在这些国家的外汇市场上也存在类似的问题,政府常常采取高估本币、低估外币的做法来保持本币币值的相对稳定性。一方面导致发展中国家幼小的外汇市场发育缓慢;另一方面,本币高估对于该国出口来说也是一个灾难性的打击,并造成经济上的长期依赖性和落后性。

除了以上所述的利率和汇率管制之外,发展中国家在金融管理方面还有很大弊病。例如,政府部门高度集权,管理机构重复设置,财政政策和货币政策互相矛盾等。

2. 为什么说发展中国家经济的分割性是造成金融抑制的一个重要原因?

答:麦金农认为,发展中国家的经济具有严重的“分割性”,资金、技术、土地、劳动力等生产要素分散于零散的经济单位之中,国内市场也处在割裂状态,无法发挥其合理配置要素的功能,市场价格千差万别,生产效率和投资收益率也因时因地而异,这种“分割经济”也就决定了金融体制的割裂与脆弱。由于市场机制的不健全,资金很难通过统一的金融市场来流通,有限金融机构不能充分发挥"导管"作用,因而投资多局限于本行业之中,用于投资的资本也只能依靠企业内部的积累,而这种"内源融资"的盛行无疑又减少了企业和个人的储蓄倾向,导致发展中国家的一个常见病——储蓄不足,进而影响到社会的再投资能力,造成全社会范围内效益的损失,延缓了经济发展,并且给一些发展中国家政府进行人为干预制造了"最佳"的借口。可见,经济的分割性是造成金融抑制的一个重要原因。

3. 简析规避性金融创新理论。

答:规避性金融创新理论认为,金融创新主要是由于金融机构为了获取利润,而规避政府的管制所引发的。各种形式的政府管制与控制,性质上等于隐含的税收,阻碍了金融机构从事已有的盈利活动和利用管制以外的利润机会。因此,金融机构会通过创新来规避政府管制。当金融创新可能危及金融稳定和货币政策时,金融当局又会加强管制,新管制又会导致新的创新,两者不断交替,形成一个相互推动的过程。

4. 金融创新理论有哪些?

答:金融创新的理论主要有:

① 技术推进理论。该理论认为,新技术革命的出现,特别是计算机、通讯技术的发展及其在金融业的广泛应用,为金融创新提供了物质上和技术上的保证。

② 财富增长理论。该理论认为,经济高速发展所带来的财富的迅速增长是金融创新的主要原因。这是由于财富的增长加大了人们对金融资产和金融交易的需求,促发了金融创新以满足这种日益增长的金融需求。

③ 约束诱导理论。该理论认为,金融业回避或摆脱其内部和外部制约是金融创新的根本原因。

④ 制度改革理论。该理论认为,金融创新是一种与经济制度相互影响、互为因果的制度改革,金融体系任何因制度改革而引起的变动都可以视为金融创新,金融创新的成因可能是较低成本以增加收

入,也可能是稳定金融体系以防止收入不均的恶化。

⑤ 规避管制理论。该理论认为,金融创新主要是由于金融机构为了获取利润,而规避政府的管制所引发的。

⑥ 货币促成理论。该理论认为,货币方面的因素促成了金融创新的出现。20世纪70年代汇率、利率以及通货膨胀的反复无常波动,是金融创新的主要成因。

⑦ 交易成本理论。该理论认为,降低交易成本是金融创新的主要动因,表现在:A. 降低交易成本是金融创新的首要动机,交易成本的高低决定了金融业务和金融工具的创新是否具有实际价值;B. 金融创新实质上是对科技进步导致交易成本降低的反应。

5. 金融创新的影响有哪些?

答:金融创新不仅对货币政策、货币供求造成重大影响,而且对整个金融业,乃至整个经济机制的运行都形成一定程度的影响。

① 金融创新的经济效应。金融创新的正面经济效应有:金融创新促进了金融机构运作效率的提高,增加了经营效益;金融创新丰富了金融市场的交易品种,促进了金融市场一体化;金融创新促进了金融改革,推动了经济发展。金融创新的负面经济效应有:金融创新使金融体系的稳定性下降;金融创新使金融体系面临的风险加大;金融创新使金融监管的有效性被削弱。

② 金融创新对货币政策的影响。金融创新使部分传统的政策工具失灵,金融创新弱化了存款准备金制度的作用力度与广度,金融创新使再贴现政策的作用下降,金融创新强化了公开市场业务的作用。

6. 简述1979年以来我国的金融体制改革。

答:党的十一届三中全会以来,随着经济体制改革的不断深入,金融体制改革也迈出了较大步伐。主要包括以下四个方面:

① 金融体系的改革。包括:建立独立的、实行企业化经营的专业银行,成立信托投资类金融机构,农村信用合作社和城市信用社的发展,外资金融机构在华发展。

② 银行体制的变化。这主要表现为中央银行体制的建立和专业银行的商业化进程。

③ 金融业务与金融工具的改革。

④ 金融市场的建立与发展。包括：同业拆借市场、证券市场和外汇市场。

7. 金融深化论的理论贡献有哪些？

答：金融深化理论的贡献和影响是极其深远的，主要表现在以下四方面：第一，它强调了金融体制和政策在经济发展中的核心地位，在经济和金融理论中第一次把金融业和经济发展密切地结合起来，克服了传统经济发展理论对金融部门的忽视。第二，在货币和金融理论方面，该理论批判了传统的经济理论，如新古典学派和凯恩斯学派关于货币与实物资本是相互竞争的替代品的假设，认为这不适合于落后经济，因为落后经济中盛行"内源融资"，所以只有进行大量的货币积累才是有效增加投资和扩大生产的前提，从这一点讲，落后经济中的货币和资本在很大程度上是互补品。第三，它还剖析了依赖外资和外援的危害性，指出过多的外资和外援反而会削弱本国的经济基础，加剧对本国金融的抑制和扭曲，带来周期性的市场波动。第四，它指出在发展中国家的"割裂性"经济结构中，资本的报酬率在不同部门、不同地区和不同规模企业之间，存在着社会差异，经济发展就是要消灭这种生产力的差异，以提高资本的平均社会报酬。

8. 金融抑制的根源、手段和表现是什么？

答：(1) 金融抑制的主要根源有：① 经济上的"分割性"导致"内源性融资"盛行，资金无法在全社会范围内得到有效配置，为政府干预提供了"借口"。② 政治上，发展中国家有强烈的摆脱西方国家控制的愿望，更相信本国政府的干预力量而不愿接受所谓"自由市场"的调控。③ 社会历史上，发展中国家对高利率引发的通货膨胀十分警惕，以致运用人为干预手段压制利率水平。

(2) 金融抑制的手段有：压制利率，实行信贷配给，高估本币汇率维持进口数量，增加对低效产业的财政补贴等。

(3) 金融抑制的表现有：① 金融市场不健全；② 金融工具单调。

9. 金融抑制的负面效应是什么？

答：负效应有四个方面：① 负收入效应，即人为压制利率和高通胀,导致人们减少以货币形式保有的储蓄,从而使投资来源枯竭、收入水平下降。② 负储蓄效应,储蓄实际利率为负使得国内储蓄锐减。③ 负投资效应,过多投资流向所谓的"新兴产业",而忽视了对发展中国家传统产业,特别是农业部门的投资,而"新兴产业"引进吸纳力又有限,导致了资金的浪费。④ 负就业效应,金融抑制对传统经济部门的限制使大量劳动力流向城市,而资本密集型的投资又减少了传统劳动密集型产业对就业的贡献,造成严重的失业和贫富的分化。

10. 金融深化的主要内容是什么?

答:① 确定一个合理的实际利率水平。考虑到大多数发展中国家存在较高的通货膨胀率,因此需要提高银行存款利率的名义水平,使实际收益率为正,这样才能增加公众持有货币形式储蓄的收益,从而增加对实际货币的需求。② 放松对汇率的管制。纠正高估本币的现象,改固定汇率制为浮动汇率制,让市场供求决定本币汇率水平,通过本币的适度贬值刺激本国出口,以改善国际收支状况。③ 进行财政体制的改革。合理地规划财政税收,进而鼓励储蓄,减少不合理的财政补贴和配给,取消"信贷分配"中的特权。④ 其他改革措施。包括:放松对金融机构和金融业务的限制,发展多种金融工具和金融市场等。

11. 金融创新的主要内容是什么?

答:① 金融战略的更新。金融机构不再被动地输送资金,而是主动地开拓业务,增强市场竞争力。② 金融工具的创新。主要有规避利率风险的创新、运用高新技术的创新、规避金融管制的创新等。③ 金融业务的创新。一是间接金融的创新;二是直接金融的创新。④ 金融机构的创新。从单一结构向集团化、全球化方向发展。

12. 促进金融创新的因素是什么?

答:金融创新的根本原因是世界经济的飞快发展对金融业务提出了更多、更新的要求,促使其不断突破原有的模式来满足这些需求,具体地说:① 国家金融业的发展和激烈的市场竞争,导致金融业只能依靠不断的创新才能维持和扩展生存空间;② 经济环境中的风险性增大,尤其是通货膨胀率和市场利率变化莫测,金融业需要新的投资工具来规避风险;③ 技术进步,尤其是电子技术进步,为金融信息化、电子化提供了便利;④ 金融管理环境的变化,促使新业务、新工具出现,以逃避严格的金融管制。

13. 试用"金融抑制"理论分析我国金融发展中面临的问题及对策。

答:(1)我国是一个发展中国家,过去多年实行计划经济,政府的干预力量远胜于市场机制的调节作用,所以不可避免地也存在和其他发展中国家一样的"金融抑制"现象。这第一表现为利率水平受到压制。长期以来,我国的基础利率水平一直受央行的严格控制,由于缺乏短期货币市场,所以没有一个能反映资金成本的短期市场利率,商业银行存贷款利率的自主浮动权限也非常有限,使其不能充分反映资金的筹措成本及投资的收益率,利率水平普遍偏低。企业在借贷时,缺乏对利率的敏感性,产生所谓的"投资饥渴症",这往往导致投资效益低下、银行贷款回收困难等问题。第二,汇率机制尚不完善。长期以来实行的汇率双轨制导致人民币真实价值的扭曲,不利于对外贸易的发展和国民经济的增长。虽然我国于 1994 年初实现了汇率并轨,建立起市场机制下的管理浮动汇率制,但由于在人民币汇率的决定机制中,央行的主观意愿及干预措施起了很大作用,所以汇率水平还不能充分反映市场的供求情况。以当前经常项目和资本项目双顺差的情况为例,若不是央行主动吸纳外币,并在国内货币市场采取"冲销"措施的话,人民币还有可能继续升值,国内通胀率有可能继续攀升,如果不从汇率决定机制上入手采取措施的话,这些潜在的压力终究有爆发的可能。第三,我国的财政政策中也有一些不合理的地方,如强调对高、新科技产业的投入,常常导致一些地方对基础产业,特别是对传统劳动密集型产业的投资下降,造成吸纳能力有限、投资效果不佳以及就业压力增大等问题。第四,金融市场的数量、种类、规模与市场经济的要求尚有较大差距,金融工具还很有限,不能满足经济的发展对金融服务的多样化要求。

(2)上述这些带有"金融抑制"色彩的问题必须解决,才能促进经济的发展。这包括:① 取消过多的利率管制,建立短期货币市场,由市场机制来决定人民币资金的利率水平。② 完善现行的汇率决定机制,减少央行的干预比例,增加交易主体,放宽各商业银行的外汇周转余额,开办远期人民币交易,让市场力量决定人民币汇率水平。③ 深化财政体制改革,加强对传统产业的投资,减少不合理的补贴。④ 大力建设各种金融市场,增加多种金融工具。

14. 试析"金融深化"理论对我国的借鉴。

答:我国是一个正从计划经济向市场经济转轨的发展中国家,借鉴"金融深化"理论对于更好地发挥金融部门的作用,促进国民经济发展,具有重要的意义。第一,我们应该强调该理论所倡导的"金融体制和政策在经济发展中的核心地位",把金融发展和经济增长紧密地联系起来,改变"金融抑制"下的种种扭曲现象,更大地发挥金融部门的作用,使资金在价格、流动、收益等方面逐渐符合市场经济的要求。这就要求我国应进行一系列金融体制的改革,如放松利率管制、完善人民币汇率的形成机制、增加金融市场和金融工具、改革不合理的外贸体制等,其指导思想就是要建立一套市场经济条件下符合"金融深化"理论的金融体制,最大限度地发挥市场机制配置资源的效用。第二,加快金融管理部门的改革,以便适应"市场经济"下金融自由化的更高的要求。比如,将央行的管理模式由行政方式改为市场行为,建立金融风险的防范机制,加快金融市场法规的健全等,保证市场机制在国家宏观调控的有效范围内健康地运作。第三,金融深化理论指出了发展中国家"内源性融资"的特征和过度依赖外资的危害性,这点我们必须引以为鉴——目前我国国内储蓄率很高,外汇储备充足,但外债总量却居高不下,吸引外资的盲目性很大。一旦本国经济发生波动,这些外资很可能成为削弱本国经济基础的破坏性力量,所以作为一个发展中大国,我们必须充分利用本国的金融资源,更大地发挥国内金融市场和机构的作用,减少对外资的过多依赖。第四,金融深化理论还指出了发展中国家经济的"割裂性",强调应该特别重视传统产业和吸纳劳动较多的劳动密集型产业,对于我国这样人口众多、地区差异大的发展中国家,这一点也有重要参考价值——在今后的发展中,在优先发展高新产业的同时,不能忽视对农业、劳动密集型工业的投资,应努力缩小地区经济的差距,促进国内市场的联合、资金的融通,以实现国民经济的均衡发展。

15. 请简单介绍我国利率市场化改革的发展进程。

答:利率市场化是指利率的决定权交给市场,由市场主体自主决定利率的过程。在利率市场化条件下,如果市场竞争充分,则任何单一的经济主体都不可能成为利率的单方面制定者,而只能是利率的接受者。商业银行对存贷款利率的自主定价权,应是利率市场化的核心内容。

1993 年的《关于建立社会主义市场经济体制改革若干问题的决定》和《国务院关于金融体制改革的决定》,最先明确利率市场化改革的基本设想。1995 年的《中国人民银行关于"九五"时期深化利率改革的方案》,初步提出利率市场化改革的基本思路。

1996 年 1 月 3 日,全国银行间同业拆借市场成立,这是中国利率市场化改革的第一步。1996 年以来,我国利率市场化改革进程划分为四个阶段,分别是:放开银行间同业拆借利率;放开债券市场利率;实现了"贷款利率管下限,存款利率管上限"的阶段性利率市场化改革目标;推动货币市场基准利率建设,培育 SHIBOR。此后,我国利率市场化进程与 SHIBOR 的联系日益紧密,我国的利率市场化进程在未来将稳步向前推进。

(五) 计算题

浮动利率安排是一种规避利率风险的手段,设现在需要筹措资金 100 万元,期限 1 年,有两种方案:

(1) 以 5% 的固定利率借入资金;

(2) 以 LIBOR 的变动如表 6-1 所示。

求(1),(2)两种方案各支付的利息(设利息每 3 个月支付一次)。

表 6-1

时　间	当　前	3 个月后	6 个月后	9 个月后
LIBOR	4.5%	4.6%	4.8%	4.7%

解　(1)当以 5％的固定利率借款时,每次需支付的利息为

100 万元×5％×3/12＝1.25 万元。

(2)如果以浮动利率借款,则

3 个月后支付利率为：100 万元×4.5％×3/12＝1.125 万元；

6 个月后支付利率为：100 万元×4.6％×3/12＝1.15 万元；

9 个月后支付利率为：100 万元×4.8％×3/12＝1.2 万元；

12 个月后支付利率为：100 万元×4.7％×3/12＝1.175 万元。

第七章　货币理论（上）

第一节　习　题

(一) 判断题

1. 我国目前对广义货币供应量的定义为 $M_2 = M_1 + TD$。其中 TD 为准货币，包括居民存款、企业定期存款、信托类存款和其他存款。（　　）

2. 狭义货币乘数和广义货币乘数均具有明显的顺周期波动的特征。（　　）

3. 在影响我国 20 世纪 80 年代末 90 年代初的货币乘数变动的因素中，超额准备率的影响最大。（　　）

4. 持货币供给新论的经济学家，一般采用一般均衡的方法来分析货币供给量与利率等经济变数间的复杂关系。（　　）

5. 中央银行买入政府债券会使整个商业银行体系的准备金增加。（　　）

6. 基础货币又称强力货币，它仅包括中央银行的货币供应量，不包括财政部的货币供应量。（　　）

7. 财政部发行的通货一般都是辅币，数量有限，而其直接向中央银行透支会扩大基础货币，可能引发通货膨胀。（　　）

8. 通过征税或发行新的债券来筹集资金，在一段时期内并不会影响基础货币。（　　）

9. 中央银行在政府债券的二级市场上公开抛售政府债券会减少货币供应总量。(　　　)

10. 弗里德曼-施瓦兹分析中,对货币乘数的描述为以下这个公式: $m = \dfrac{1+k}{k+r(1+t+g)}$。(　　　)

11. 货币供给新论的支持者认为,银行贷款不仅受准备金要求的影响,还受到需求的影响,银行只能贷出公众所需要的数量,而不是更多。(　　　)

12. 货币供应新论认为,对商业银行和其他非银行金融中介机构做出严格的区分是没有必要的。(　　　)

(二) 选择题

1. 下列中,不是 1994 年以前中国主要的银行信贷需求的有: _____。

A. 企业的商业性信贷需求

B. 个人的消费信贷需求

C. 地方政府对政策性贷款的需求

D. 中央政府对政策性贷款的需求

2. 下列因素中,是增加准备金的因素的有: _____。

A. 财政部持有现金　　　　　　B. 财政部在央行的存款

C. 政府债券　　　　　　　　　D. 流通中的存货

3. 下列中,不是影响超额准备金的主要因素的有: _____。

A. 公众的流动性偏好　　　　　B. 利率

C. 借入资金的难易程度　　　　D. 借入资金的成本

4. 下列中,是卡甘分析中决定货币乘数的变量的有: _____。

A. D/R　　　　B. D/C　　　　C. D/M　　　　D. C/M

5. 下列资产负债项目中,属于中央银行负债的有: _____。

A. 流通中的通货　　　　　　　B. 央行的外汇储备

C. 对专业银行的贷款　　　　　D. 财政借款

6. 下列引起基础货币变化的原因中,属于技术和制度性因素的有: _____。

A. 中央银行收购黄金　　　　B. 增发通货

C. 在途票据　　　　　　　　D. 政府财政收支盈余

7. 下列银行中,对货币扩张影响最小的是: _____。

A. 中国工商银行　　　　　　B. 中国投资银行

C. 花旗银行　　　　　　　　D. 光大银行

8. 下列经济因素中,使商业银行持有较高超额准备金的是: _____。

A. 市场利率上升　　　　　　B. 经济处于上升周期

C. 央行贷款条件苛刻　　　　D. 同业拆借市场利率稳定

9. 下列经济因素中,使公众偏好持有通货或活期存款的是: _____。

A. 定期存款利率上升　　　　B. 国库券利率上升

C. 公众流动性偏好下降　　　D. 活期存款利率上升

10. 下列对货币乘数的分析中,深入地检验了各决定因素对货币存量变化率的作用的是: _____。

A. 弗里德曼-施瓦兹的分析　　B. 卡甘的分析

C. 乔顿的分析　　　　　　　D. 詹姆斯-托宾的分析

11. 以下观点中,不属于货币供给新论的观点的是: _____。

A. 非银行金融机构的负债不是普通接受的支付工具,因而不是货币

B. 货币理论能以资产组合理论方法进行分析

C. 货币供应是一个受商业银行及其他经济单位行为影响的内生变量

D. 银行的存款扩张机制必须受边际收益等于边际成本的法则的制约

12. 托宾等货币供给新论的支持者认为,货币供给不是一个只由央行决定的外生变量,他们的一个主要理由是: _____。

A. 银行体系创造货币的能力从对货币乘数的分析来看完全取决于基础货币和法定准备金这些变量

B. 银行体系的存款创造的过程必须考虑各种漏出

C. 其他金融机构与商业银行在吸收存款方面竞争激烈,从而会增加商业银行的准备金

D. 银行的资产负债规模及公众的货币需求量具有很大的利率弹性

(三) 名词解释

1. 借入准备金,非借入准备金
2. 自由准备金
3. 冲销
4. 超额准备金
5. 公众通货持有比率
6. 乔顿的货币乘数
7. 货币乘数
8. 基础货币
9. 已调整的基础货币
10. 货币供给新论
11. 通货比率
12. 法定存款准备金比率
13. 货币供应的内生性

(四) 问答题

1. 央行向券商购买国库券 1 亿元对货币供应量的影响与向商业银行购买有什么不同?

2. 请比较银行超额准备金与基础货币作为操作目标的优势。

3. 假使央行向外汇指定银行收购外汇 10 亿美元,此举对基础货币会产生什么样的影响?（请用 T 形表分析之,假定汇率 RMB8.20＝USD1)如果央行要抵消这种影响,可以采取哪些副作用较小的办法?

4. 原始存款与基础货币的联系与区别。

5. 请举出两个例子,论证我国货币供应量的内生性,并分析其成因。

6. 影响货币乘数的因素有哪些?

7. 货币供给新论的支持者为什么认为没有必要对活期存款与其他金融资产、商业银行与其他非商业银行中介机构作出严格的区分?

8. 什么叫冲销? 中央银行进行冲销的目的和前提条件是什么?

9. 根据定义推导出货币乘数。

10. 基础货币的定义是什么? 它对货币供给有什么影响?

11. 简析外汇、黄金的总量规模与基础货币量的关系。

12. 讨论乔顿分析模型中货币乘数的决定因素。

13. 货币供给新论的主要内容是什么? 其新颖之处何在?

14. 试比较三种货币乘数理论的异同(弗里德曼-施瓦兹分析、卡甘分析及乔顿分析)。

15. 阐述影响基础货币变化的根本原因。

16. 请简述温特劳布-卡尔多内生货币理论的主要观点。

17. 请简述莫尔的水平主义供给理论的主要研究内容。

18. 请讨论我国的货币供给的内生性与外生性。

(五) 计算题

1. 假设在短期内,浮存增加10亿元,财政存款增加9亿元,央行持有的国库券减少6亿元,这些变化对基础货币的净影响是什么?

2. 假设央行向某银行购买了100万元的国库券,准备率为10%,如果这一行动导致存款扩张了800万元,此银行系统是否均衡? 为什么?

第二节　习题答案

(一) 判断题

1. √　2. √　3. √　4. √　5. √　6. ×　7. √　8. √　9. ×　10. ×　11. √　12. √

(二) 选择题

1. B　2. C　3. A　4. D　5. A　6. C　7. B　8. C　9. D　10. B　11. A　12. D

(三) 名词解释

1. 借入准备金：由于某些原因，商业银行有时会出现暂时的支付困难。此时，商业银行会向中央银行借入资金以应付这种情况，借入的这部分资金称为借入准备金。

非借入准备金：一般情况下，中央银行不欢迎商业银行直接向其借款。因此，商业银行在取得较多准备金时，首先要归还向中央银行的借款，而不是使用这些准备金发放贷款。所以，存款创造将较少地依赖于总准备金或基础货币，而更多地依赖非借入准备金，或称自有准备金。在数量上，它等于总准备金减存款机构向中央银行的借款。

2. 自由准备金：它等于非借入准备金中超过法定准备金的那部分数额，是商业银行可用于扩大贷款的准备金。

3. 冲销：当中央银行为维持汇率稳定，被迫在外汇市场买入外汇时，会扩大基础货币供应量，通过在公开市场卖出等额证券，基础货币恢复到原来水平，这种操作方法称为冲销。

4. 超额准备金：超额准备金等于总准备金减去法定准备金。

5. 公众通货持有比率：出于种种原因，人们并不会将所有收入都存入银行，而总会将部分收入以现金形式保留在手中。漏损出来的现金，即公众保持在手中的现金将不会参与存款的创造。一般以公众通货持有比率 k 表示每 1 单位活期存款中公众作为现金提取的比例。影响公众通货持有比率 k 的主要因素有两个：公众的流动性偏好程度和持有通货的机会成本。

6. 乔顿的货币乘数：乔顿的货币乘数 m 形式为 $\dfrac{1+k}{k+r(1+t+g)}$，其中 r 代表各种存款的加权平均准备金比率。存款包括商业银行活期存款(D)、私人定期存款(T) 和政府存款(G)；又记公众手持通货(C)、定期存款(T)、政府存款(G) 与活期存款的比率分别为 k, t, g。在乔顿模型中，货币只包括通货和活期存款在内(M_1)，决定货币乘数的变量有 k, r, t, g。通过货币乘数的表达式我们可以看到，当 r, t, g 上升时，货币乘数 m 减少。实际经济中，由于私人活期存款占了商业银行全部存款的很大一部分，存款准备金通常只占存款的较小比例,(R/D) 远小于 1,m 与 k 总是反方向变动。但在特殊情况下,货币乘数 m 有可能与 k 同方向变动,此时货币乘数 m 小于 1。

7. 货币乘数:也称货币扩张系数,是用以说明货币供给总量与基础货币的倍数关系的一种系数。基础货币供应增加后,货币存量不是简单地以 1:1 的比例增加,由于存款机构的信用创造,货币存量的增加量会以基础货币增量的若干倍数扩张。这种倍数关系用式子表达出来即

$$m = M_1/H \text{ 或 } m = \Delta M_1/\Delta H。$$

其中,m 即为货币乘数;M_1 是货币供给量;H 为基础货币。

8. 基础货币:基础货币又称强力货币,可以从货币的来源和运用两个方面来加以理解。从货币的来源看,它是金融当局(中央银行和财政部)的货币供应量;从运用看,它由商业银行的准备金(R)和流通中的通货(C)组成。货币当局投放基础货币的渠道主要有以下三条:一是直接发行通货;二是变动黄金、外汇储备;三是实行货币政策。在高度简化的中央银行资产负债表上,它们分别代表中央银行的资产和负债。

9. 已调整的基础货币:基础货币从运用的角度看,包括商业银行的准备金和流通中的通货,但在衡量货币政策属于扩张性还是紧缩性时,基础货币有时可能产生误导。如果存款从准备金比率比较高的存款机构转到准备金比率较低的机构,那么,即使中央银行没有改变准备金比率,平均的法定准备金比率实际上已有了一定程度的降低。因此,为了衡量货币政策,必须针对平均法定准备金比率来调整基础货币。比如,如果平均法定准备金比率下降,从而释放出 1 亿美元的法定准备金,这 1 亿美元就要加到基础货币上,得到已调整的基础货币。

10. 货币供给新论:虽然货币供给理论比那种将货币乘数看作常数的简单机械方法大大前进了,但它仍受到一些经济学家的挑战,其方法被称为"新论"(new view)。新论的领导者是美国耶鲁大学的托宾教授。新论的支持者认为,商业银行与其他金融中介机构、货币

与其他金融资产的界限模糊,他们采取将货币理论看成是资产组合理论的分析方法,批评货币供给理论乘数方法所隐含的货币供应是可以由中央银行控制的外生变量的观点,而认为货币供应是一个反映银行和其他经济单位行为变化的内生变量,他们的注意力不在货币数量及其流通速度上,而是集中于所有资产的供求关系、报酬率及信用的可获得性等方面。

11. 通货比率:通货比率(k)是指社会公众持有的通货对商业银行活期存款的比率,这一比率主要决定于社会公众的资产选择行为。影响人们的资产选择行为,从而影响 k 的因素主要有如下五个:① 社会公众的流动性偏好程度。人们选择通货即选择了流动性高的金融资产。② 其他金融资产的收益率。通货是人们持有的各种金融资产中的一种,除通货以外的其他金融资产的收益就是持有通货的机会成本,所以其他金融资产收益的变动必然会影响通货的持有率。③ 银行体系活期存款的增减变化。这是 k 的计算公式中的分母,与 k 成负相关关系。④ 收入或财富的变动。这对 k 的影响取决于其他因素。当收入增加使人们的流动性偏好增强时,k 将上升;而当收入增加使人们增加对高档消费品和生息资产的需求时,k 将下降。⑤ 其他因素。例如,信用的发达程度、人们的心理预期、各种突发事件及季节性因素等。

12. 法定存款准备金比率:法定存款准备金比率(r_d、r_t)是指中央银行规定的,商业银行必须保有的存款准备金对其存款负债总额的比率。由于定期存款较活期存款相对稳定,一般地说,定期存款的法定准备金比率总是低于活期存款的法定准备金比率。在其他情况不变的条件下,中央银行可通过提高或降低法定准备金比率,而直接地改变货币乘数,从而达到控制货币供给量的目的。所以,在货币乘数的各个决定因素中,法定存款准备金比率基本是一个可由中央银行直接操作的外生变量。当然,由于法定存款准备金比率的变动将对经济带来较大的冲击,因此,不宜频繁地进行。

13. 货币供应的内生性:这是一个随着货币供给新论的发展而逐步发展和完善起来的概念。其主要内容是认为,货币供给"旧论"

所隐含的货币供给是外生变量的观点是错误的,货币供给受利率和货币需求的影响,强力货币(H)和货币供给(M)之间并不存在简单明确的倍数关系。银行的资产负债规模及公众的货币需求量具有很大的利率弹性,利率的变动会影响银行调整其资产经营规模,也会引导社会公众改变其资产偏好行为,从而影响中央银行货币供应量的倍数。另外,银行的贷款也并非只取决于基础货币或法定准备金比率这些外生变量,而是受银行自身利益极大化和社会贷款需求等因素影响的内生化行为。最后,二战后非银行金融机构的兴起,打破了其与商业银行间的区别,从而使其也加入了商业银行货币信用创造的行列,这些都使中央银行的货币供应量成为一个内生化的变量。

(四) 问答题

1. 央行向券商购买国库券 1 亿元对货币供应量的影响与向商业银行购买有什么不同?

答:货币供应量 M_1 为流通中的通货和商业银行体系的活期存款的总和,即

$$M_1 = 流通中的通货(C) + 商业银行体系的活期存款(D)。$$

传统理论认为,货币供应量 M_1 等于基础货币 B 与货币乘数 m 的乘积,其中基础货币又称强力货币。从来源看,它是金融当局(中央银行和财政部)的货币供应量;从运用看,它由商业银行的准备金(R)和流通中的通货(C)组成。

在不考虑现金漏出时,中央银行向券商购买国库券 1 亿元将使活期存款增加 1 亿元,从而货币供应量 M_1 增加 1 亿元。在有现金漏出时,活期存款增加量与流通中通货的增加量之和也为 1 亿元,货币供应量 M_1 增加 1 亿元。

而中央银行向商业银行购买国库券 1 亿元时,会使银行体系的准备金增加 1 亿元。通过货币乘数的作用,使商业银行的放款规模扩大,放松银根,货币供应量 M_1 增加 $m \times 1 = m$ 亿元。

2. 请比较银行超额准备金与基础货币作为操作目标的优势。

答:超额准备金可以反映银行体系扩大放款和投资的能力,也

是预测未来货币供应量和利率运行效果的良好"预测器"。中央银行的货币政策工具一般通过调节银行体系的超额准备金,而实现对货币信贷的调控。但是,对超额准备金的调控,往往受制于商业银行体系的放贷意愿和财务状况。

基础货币是流通中的现金和银行的存款准备金的总和,是中央银行可直接控制的金融变量,也是银行体系的存款扩张和货币创造的基础,与货币政策目标有密切关系,其数额的变化会影响货币供应量的增减。所以,中央银行可以通过操纵基础货币影响货币供应量,影响整个社会的经济活动。因此,将基础货币作为货币政策操作目标,具有重要意义。

3. 假使央行向外汇指定银行收购外汇 10 亿美元,此举对基础货币会产生什么样的影响?(请用 T 形表分析之,假定汇率 RMB8.20＝USD1)如果央行要抵消这种影响,可以采取哪些副作用较小的办法?

答:假设中央银行为向外汇指定银行收购外汇 10 亿美元,将在该外汇指定银行的中央银行准备金存款账户上增加 10×8.2＝82 亿元人民币,从而使该银行在中央银行的准备金存款增加。这种行为将反映在中央银行和该指定银行的资产负债表上,具体结果如表 7-1 所示。

表 7-1　中央银行

资　产		负　债	
外　汇	＋10 亿美元	准备金	＋82 亿元人民币
该外汇指定银行			
资　产		负　债	
外　汇	－10 亿美元		
准备金	＋82 亿元人民币		

从以上高度简化的资产负债表中可以看出,中央银行的这种行为将使该外汇指定银行在中央银行的准备金存款增加,从而整个商

业银行体系的准备金增加,基础货币将增加82亿元人民币。

如果中央银行要抵消这种影响,可以采取冲销的方法从而使副作用较小,即通过在公开市场卖出价值82亿元人民币的证券,使基础货币回复到原来水平。

4. 原始存款与基础货币的联系与区别。

答:商业银行的活期存款分为两部分:原始存款和派生存款。原始存款是公众以现金形式存入银行形成的存款。这时的现金存款并不引起货币供给总量的变化,仅仅是将现金变成了活期存款。派生存款是由商业银行的贷款等业务而衍生出来的存款,也是在原始存款基础上扩大的那部分存款。原始存款是商业银行进行创造派生存款的基础,原始存款数量的多少决定着商业银行派生存款的规模。商业银行创造派生存款能力的大小和数量的多少,直接改变着市场的货币供给总量。基础货币又称高能货币或强力货币。它来源于金融当局的货币供应量,在经济社会中以商业银行的准备金和流通中的通货两种形式存在。商业银行在信用创造的过程中,原始存款不断转化为商业银行的准备金,最终全部原始存款将都转化为准备金。但实际上,中央银行的货币投放及商业银行的信用创造是一个不断进行的动态过程,始终有通货在流通以满足公众需要,商业银行依靠原始存款不停地创造出派生存款。

5. 请举出两个例子,论证我国货币供应量的内生性,并分析其成因。

答:货币供给的内生性,是指货币供给的变动不是由货币当局决定的,起决定作用的是经济体系中实际变量以及微观主体的经济行为等因素。在1994年前,我国存在货币供给的"倒逼机制"。企业、地方政府及中央政府的贷款需求总是迫使商业银行被动地增加贷款供应,中央银行在这些贷款需求的压力下,又不得不实行松动的、迁就性的货币政策,结果造成货币供给往往是被动地适应货币需求,中央银行很难实施各项既定的货币调节方案。另外一个例子是,有些学者认为,现金发行和信贷投放根本不可能脱钩而成为货币供给的两条独立渠道,从而其数量不可能简单地用行政方法控制住。

1994 年前,我国银行的信贷需求大体可分为三类:第一类是企业对贷款的商业性需求。由于产权不明晰及缺乏有效的激励机制,商业银行对一些效益不好、信誉较差的企业仍给予大量贷款需求。第二类是地方政府为追求经济增长速度,争项目、争投资而形成的对政策性贷款 Lg_1 的需求。第三类是中央政府为支持农业外贸等产业,而形成的对政策性贷款 Lg_2 的需求。商业银行在这些贷款需求的压力下会增加商业性信贷,银行信贷的增加导致存款货币的增加,根据我国准备金制度的规定,银行必须相应增加存款准备金。商业银行可以通过两种方式迫使中央银行增加再贷款:一种方式是将中央银行支持政策性贷款的资金挪作他用,而把资金的"硬缺口"留给中央银行。中央银行为保证政策性贷款的到位,只能以再贷款的形式向商业银行提供资金。另一种方式是商业银行尽量压低超额准备金比率,这会对银行的安全性产生影响。但由于在当时体制下银行不会破产,因此,商业银行对利润的关注远远大于对自身安全的关注。由于中央银行承担着维持金融秩序稳定的职能,当银行系出现普遍的支付危机时,中央银行最终不得不作为最后贷款人,再贷款给商业银行,增加基础货币。从而,中央银行无法独立地决定货币供给。

6. 影响货币乘数的因素有哪些?

答:货币乘数是货币供应量对基础货币的倍数。

中央银行的基础货币 H 包括商业银行准备金 R 和公众持有的通货 C,即 $H = R + C$;根据活期存款总量与基础货币之间的关系,可知银行系统的活期存款总量为:$D_d = \left(\dfrac{1}{r_d + r_t \times t + e + k}\right) \times H$。以 M_1 表示狭义货币供应量,根据定义有 $M_1 = D + C$。由于 k 是公众手持现金的比率,得 $C = k \cdot D$。故有:$M_1 = D + C = \left(\dfrac{1 + k}{r_d + r_t \times t + e + k}\right) \times H$,其中 $\dfrac{1 + k}{r_d + r_t \times t + e + k}$ 为货币乘数,用 m 来表示。由此可见,m 的大小受 e、r_d、k、t、r_t 的影响。随着经济条件的变化,货币乘数也会有所变化。银行愿意持有的超额准备金的比率,一方面取决于银行用这些超额准备金投资所能取得的利息率;另一方面取决于银行预期持有这些准备金所能获得的收益。而公众愿意持有的现金对活期存款的比率 k 取决于持有现金的机会成本，即取决于证券收益率及存款的隐含收益和名义收益。此外，收入或财富的变化也会影响 k 的值。非个人定期存款比率 t 取决于定期存款利率与活期存款收益及证券收益之比，也与财富多少有关。因此，收入、财富和利率是决定 e,k 和 t 的因素，从而也是决定货币乘数的因素。

7. 货币供给新论的支持者为什么认为没有必要对活期存款与其他金融资产、商业银行与其他非商业银行中介机构作出严格的区分？

答：货币供给新论是与货币供给"旧论"相对立的一种观点，与旧论不同，新论认为没有必要对活期存款与其他金融资产、商业银行与其他非银行金融中介机构作出严格的区分，理由是：① 其他金融机构的某些负债同活期存款一样具有支付功能，所以它们往往被人们视为货币的良好替代物。② 其他金融机构与商业银行在吸收存款等方面的激烈竞争，会减少商业银行的准备金，从而削弱商业银行创造存款的能力。③ 商业银行未必能尽量扩张存款，因为人们对贷款和活期存款的需求是有限的；而非银行金融机构也未必没有成倍地创造其负债的能力，因为只要经济内部存在着对其的贷款需求，该类机构就可以通过存款的增加来创造出若干倍的新负债来。

8. 什么叫冲销？中央银行进行冲销的目的和前提条件是什么？

答：当中央银行为维持汇率稳定，被迫在外汇市场买入外汇时，会扩大基础货币供应量，通过在公开市场卖出等额证券，基础货币恢复到原来水平，这种操作方法称为冲销。中央银行可以通过冲销来调整基础货币量，抵消其他因素造成的基础货币量的波动。

中央银行进行冲销的前提条件是，要存在一个活跃的政府债券二级市场。

9. 根据定义推导出货币乘数。

答：当只有法定准备金一种漏出因素时，存款存量为 $D = R/r_d$，其中 r_d 为法定活期存款准备金比率、R 是准备金额，这时的货币供给为 $D = R/r_d$。当出现现金漏损（中央银行对商业银行的负债就有一部分转化为中央银行对通货持有者的负债)后,这时中央银行的基础货币就包括商业银行准备金 R 和公众所持有的通货 C,即 $H=R+C$,这里 H 表示基础货币,也被称为强力货币。如以 e 表示每 1 元存款中银行持有超额准备的百分率,k 表示公众手持现金与活期存款的比率,t 和 r_t 分别表示非个人定期存款比率和非个人定期存款的准备金比率, 则银行系统活期存款货币就有 $D_d = \left(\dfrac{1}{r_d+r_t\times t+e+k}\right)\times H$。以 M_1 表示狭义货币供应量,根据定义有 $M_1 = D+C$。由于 k 是公众手持现金的比率,得 $C=k\cdot D$。

所以 $M_1 = D + C = \left(\dfrac{1+k}{r_d+r_t\times t+e+k}\right)\times H$, 其中 $\left(\dfrac{1+k}{r_d+r_t\times t+e+k}\right)$ 为货币乘数,用 m 表示。

10. 基础货币的定义是什么? 它对货币供给有什么影响?

答: 基础货币又称高能货币或强力货币。它来源于金融当局的货币供应量,在经济社会中以商业银行的准备金和流通中的通货两种形式存在。实际的货币供应不但取决于基础货币,而且取决于货币乘数,按照传统货币供给理论的观点,一国的货币供给 $M=$ 基础货币 $B\times$ 货币乘数 m,其中货币乘数是一个取决于现有经济状况的外生变量。基础货币量的增加通过货币扩张机制使货币供给量增加,基础货币量的减少通过货币紧缩机制使货币供给量减少,这是通过商业银行的存款创造和收缩来实现的。因此,一国的货币供应量最终取决于基础货币的发放量。

11. 简析外汇、黄金的总量规模与基础货币量的关系。

答: 由于基础货币是由商业银行的准备金(R)和流通中的通货(C)组成,所以所有能直接和间接影响商业银行准备金和流通中通货的因素,都直接或间接地对基础货币的发放量产生影响。在高度简化的中央银行资产负债表上,它们分别代表中央银行的资产和负债。外汇和黄金相当于中央银行资产负债表中的资产,当它们增加而其他的资产负债无相应的抵消变化时,储蓄机构的准备金会增加,从而增加基础货币的发放规模;反之,则反是。

12. 讨论乔顿分析模型中货币乘数的决定因素。

答：首先来看乔顿模型的推导过程，即

$$M_1 = C + D = \frac{kD + D}{kD + r(D + T + G)} \times H$$

$$= \frac{kD + D}{kD + r(D + tD + gD)} \times H$$

$$= \frac{1 + k}{k + r(1 + t + g)} \times H,$$

式中货币乘数 m 定义为 $\dfrac{1 + k}{k + r(1 + t + g)}$。

其中，r 代表各种存款的加权平均准备金比率，存款包括商业银行活期存款(D)、私人定期存款(T) 和政府存款(G)；又记公众手持通货(C)、定期存款(T)、政府存款(G) 与活期存款的比率分别为 k，t，g。

在乔顿模型中，货币只包括通货和活期存款在内(M_1)，决定货币乘数的变量有 k，r，t，g。通过货币乘数的表达式我们可以看到，当 r，t，g 上升时，货币乘数减少。而通货比率 k 的变动，则需另行分析。在特殊情况下（货币乘数 $m < 1$），当基础货币供应保持不变时，公众降低通货比率 k，基础货币中的 C 下降，R 等值上升，D 随之上升，但上升的绝对量小于 R 的上升量，因此货币存量 M_1 下降，货币乘数 $m = M_1/H$ 减少，即货币乘数与 k 同方向变动。当然，由于私人活期存款占了商业银行全部存款的很大一部分，存款准备金通常只占存款的较小比例，(R/D) 远小于 1，实际经济中，m 与 k 总是反方向变动。

13. 货币供给新论的主要内容是什么？其新颖之处何在？

答：货币供给新论是与货币供给"旧论"相对立的一种观点。在旧论中，商业银行与其他金融中介机构被严格区分开来，法定准备金的要求使商业银行的存款扩张能力受到限制，而其他非银行金融中介机构则被看成仅仅起到媒介信用而不是创造信用的作用。在旧论中，银行与非银行金融机构区别的核心是后者的负债不是普遍接受的支付工具,因而不是货币。

在新论中,商业银行与其他金融中介机构、货币与其他金融资产的界限变得模糊起来,新论批评货币供给理论乘数方法所隐含的货币供应是可以由中央银行控制的外生变量的观点,而认为货币供应量是一个反映银行和其他经济单位行为变化的内生变量。旧论中的存款创造机制只考虑了供给方,即只限于银行可以创造的最大存款量,事实上和其他金融机构一样,银行也只能贷出公众所需要的数量,当银行从新增贷款中得到的边际收益等于边际成本时,旧论所描述的存款扩张机制就失效了。

货币供给新论的新颖之处在于:

① 极为重视利率及货币需求对货币供给的影响。新论的代表托宾等人认为,视货币供给为外生变量是错误的,货币供给深受利率和货币需求的影响,H 和 M 之间并不存在简单、明确的倍数关系,原因有如下几点:

首先,银行的资产负债规模及公众的货币需求量具有很大的利率弹性。利率的变动既诱使银行调整其资产经营规模,也引导社会公众改变其资产偏好行为。

其次,银行体系创造存款货币的能力并不完全取决于基础货币和法定准备金比率这些外生变量。只有当银行体系有足够的贷款和投资机会,才能实现存款货币的创造,而这是中央银行无法控制的内生变量。

② 强调非银行金融中介机构对货币供给的影响。二战后,美国的各类非银行金融机构蓬勃兴起,新论的支持者认为非银行金融机构同商业银行一样,具有信用创造的功能。他们认为,没有必要对活期存款与其他金融资产作出严格区分,理由是:A. 其他金融机构的某些负债同活期存款一样具有支付功能,所以它们往往被人们视为货币的良好替代物;B. 其他金融机构与商业银行在吸收存款等方面的激烈竞争,会减少商业银行的准备金,从而削弱商业银行创造存款的能力;C. 商业银行未必能尽量扩张存款,因为人们对贷款和活期存款的需求是有限的。

14. 试比较三种货币乘数理论的异同（弗里德曼-施瓦兹分析、卡甘分析及乔顿分析）。

答：三种货币乘数的分析都是基于传统的货币供给理论将货币供给外生化的观点，认为货币供应总量是基础货币经过商业银行体系的存款扩张机制作用的结果，即：$M = m \times B$。由于分析供给量的决定时，采用了不同的形式，对不同的变量的重视程度不同，因此各经济学家得出的货币乘数的形式不同。

① 弗里德曼-施瓦兹分析的货币乘数的表达形式是

$$m = \frac{\frac{D}{R}\left(1 + \frac{D}{C}\right)}{\frac{D}{R} + \frac{D}{C}}。$$

影响货币乘数的变量在这个分析中简化为两个：存款准备金比率（D/R）和存款与通货比率（D/C）。他们称这两个比率及高能货币 H 为"货币存量的大致的决定因素"，而这三个因素又分别取决于货币当局、银行体系和社会公众的行为。

② 卡甘分析的货币乘数的表达形式是

$$m = \frac{1}{\frac{C}{M} + \frac{R}{D} - \frac{C}{M} \times \frac{R}{D}}。$$

卡甘的分析中，决定货币乘数的变量也只有两个：通货与货币存量之比（C/M）和准备金与存款之比（R/D），与弗里德曼-施瓦兹的分析不同，后者为存款与通货比率（D/C）和存款与准备金比率（D/R），但这些区别并无多大理论上的意义。

③ 乔顿分析的货币乘数的表达形式是

$$m = \frac{1 + k}{k + r(1 + t + g)}。$$

其中，公众手持通货 C、定期存款 T 和政府存款 G 与活期存款的比率分别为 k, t, g。从式中可以看出，决定乘数大小的因素有 k, r, t, g 等。

　　15. 阐述影响基础货币变化的根本原因。

　　答：影响基础货币变化的根本原因有如下几个方面：

　　① 政府的财政收支。为改变政府的收支状况,有一系列的方法：其中有一部分为直接影响到基础货币的发放量,增发通货,扩大基础货币构成中的通货总量；向中央银行透支弥补财政赤字,也同样增加了基础货币的总投放量。

　　② 黄金存量变化和国际收支状况。黄金是中央银行的资产项目,当中央银行向财政部购买黄金时,资产和负债同时增加,即放出了部分的本币通货,增加了基础货币量；同样,当中央银行在外汇市场上购入外汇时,也使中央银行的资产和负债同时增加,中央银行买进外币、放出本币,基础货币投放量增加。

　　③ 技术和制度性因素。典型的例子是在途票据,结算中的票据事实上是中央银行为结算而向存款机构提供的短期信贷。若存款机构贷记该票据,而中央银行没有及时借记出票机构的准备金账户,总准备金则暂时增加。

　　④ 中央银行的行为。中央银行能通过公开市场业务的操作来达到影响基础货币投放量的目的。中央银行在公开市场上买进政府债券、放出本币,中央银行的资产和负债同时等量增加,基础货币量也由于中央银行放出本币而增加。这种操作的前提是,要存在一个活跃的政府债券二级市场。

　　16. 请简述温特劳布-卡尔多内生货币理论的主要观点。

　　答：后凯恩斯货币经济学的代表人物温特劳布和卡尔多提出内生货币理论,他们认为货币的需求通过政府的压力,转化成中央银行的货币供给。这就是说,不是货币供给决定经济运行,而是经济运行决定货币供给。中央银行只能顺应经济运行的要求供给货币,而无法执行自主性货币政策。

　　温特劳布认为,货币供给只能以名义工资增长率超过平均劳动生产率的程度相应增加,而不为中央银行独立决定,即由经济运行的客观要求所决定,这就是温特劳布的货币内生性理论。具体说来：商品价格是在劳动成本及劳动成本之上的某种加成决定的；假定劳动生产率随时间的推移而提高的速度是相对稳定的,如果名义工资率(w)的相对增长率超过平均劳动生产率(A)的提高,物价(P)就会上升,从而社会名义收入(Py)也就增加,货币需求随之增加;如果此时中央银行拒不增加货币供给,就会导致利率上升,投资、真实收入以及就业量就要缩减,以使货币需求与供给在低收入水平上被迫相等;这当然是中央银行,特别是政府当局所不愿看到的。因此,只要物价水平主要由中央银行所不能控制的工资谈判所决定,货币当局就最多只能保证货币的充分供给,以消除阻碍充分就业和经济增长的金融障碍,货币当局并不拥有控制物价水平的有效手段。

温特劳布内生性理论的一个变体是卡尔多内生货币模型。卡尔多认为,中央银行的基本职责是作为最后的贷款人,通过贴现窗口,保证金融部门的偿付能力。中央银行为了防止信贷紧缩导致灾难性的债务紧缩,货币当局除了满足"交易需求"之外,别无选择,否则整个金融系统都将面临流动性不足的困难。该观点表明,在中央银行制定和维持的任何既定利率水平上,货币供给曲线的弹性都无限大,即货币需求创造自己的货币供给,供给因此而能满足经济对货币的需求,货币供给曲线呈水平。

17. 请简述莫尔的水平主义供给理论的主要研究内容。

答:自 20 世纪 70 年代卡尔多和温特劳布提出货币需求自创货币供给的理论以来,80 年代末莫尔又将他们的理论进一步推向深化。如果说,温特劳布-卡尔多的货币供给内生性主要表现为中央银行承担稳定经济金融秩序责任的无奈,那么莫尔的理论则超越了关于"政治压力"、"缺乏道德约束"、"不完全竞争"以及"官僚主义惰性"等分析,而是对金融运行机制变化的影响进行了深入探讨。莫尔的理论主要包括以下几点:① 信用货币供给的内生性;② 基础货币供给的内生性;③ 负债管理自给基础货币;④ 银行角色转换传导的内生性。此外,莫尔还否定货币乘数的意义,认为它不能解释创造货币过程中的因素及其创造的过程,以往的货币供给等于基础货币乘以乘数的等式仅仅是对现象的描述,而不是对现象的解释,政府无法控制信用货币的供给。

18. 请讨论我国的货币供给的内生性与外生性。

答：关于"我国货币供给是内生变量还是外生变量"这一问题，是从我国货币供给能否直接由中央银行有效控制这一角度提出的。对这一问题的回答有"外生论"和"内生论"两种观点。

① 货币供给的外生性。有一种观点认为，我国货币供给具有外生性，其论据主要有：首先，经济体系中的全部货币都是从银行流出的，更进一步地，根本上来源于中央银行的资产负债业务。中央银行处于货币供给的源头，自然能够有效地控制货币供应量。其次，中国人民银行并不是没有控制货币供给的有效手段，而是没有利用好这个手段，如果人民银行始终不渝地按照稳定通货、稳定物价的政策目标调控货币供给，那么货币供给增长就不会过快。

② 货币供给的内生性。我们认为，随着我国经济的发展和金融体制的改革，我国的货币供给将在越来越大的程度上体现出内生性。这主要可以从影响货币供给的公式进行分析，即 $M = m \times B$，这意味着货币供给 M 等于货币乘数 m 与基础货币 B 的乘积。因此，我们可以从货币乘数与基础货币两个方面来分析。

首先分析货币乘数 m。在第四章的分析中，我们曾经看到货币乘数不是固定不变的，收入、财富和利率是决定货币乘数的因素，货币乘数受到货币需求的影响，具有部分内生性；此外，在本节的分析中我们看到，我国的货币乘数随着经济条件的变化而变化，也反映了我国货币乘数的内生性质。

其次分析基础货币 B。我们认为有个三个方面造成我国基础货币 B 的内生性。一是在过去信贷规模控制下存在的"倒逼机制"；二是在出口导向的经济增长模式与人民币汇率保持相对稳定的背景下，外汇占款成为我国投放基础货币的重要途径，一个典型的例子是，在过去几年双顺差背景下外汇储备激增、造成国内流动性过剩的压力；三是随着我国开放度的提高，我国的货币政策日益受美国等大国货币政策"溢出效应"的影响，货币政策独立性受到一定的削弱，基础货币受外部冲击的影响也会增大。

根据以上两方面的理论分析，我们能看到由于我国的基础货币与货币乘数都不是货币当局能完全决定的,因此我国的货币供给体现了一定的内生性。近年来,国内学者对我国货币供给的内生性进行了实证检验,多数研究也表明我国的货币供给具有一定的内生性。这些研究认为,我国的货币供给变化受制于经济增长、经济体制改革、国际经济形势等因素的变动。我国经济货币化程度的提高、银行金融机构改革的推进、非银行金融机构的发展、金融资产种类的增多以及货币需求的变动都会加剧货币供给的内生性,而在世界经济一体化加剧、我国对外开放度不断加大的经济条件下,外部经济环境的变动对货币供给的影响可能将更为明显。

(五) 计算题

1. 假设在短期内,浮存增加 10 亿元,财政存款增加 9 亿元,央行持有的国库券减少 6 亿元,这些变化对基础货币的净影响是什么?

解　浮存相当于中央银行为存款机构提供的短期信贷,浮存增加 10 亿元会使总准备金增加 10 亿元。财政存款增加 9 亿元会使中央银行负债增加,从而总准备金相应减少 9 亿元。中央银行出售 6 亿元国库券会使基础货币减少 6 亿元。这三者的总效应是使基础货币减少 5 亿元。

2. 假设央行向某银行购买了 100 万元的国库券,准备率为 10%,如果这一行动导致存款扩张了 800 万元,此银行系统是否均衡?为什么?

解　中央银行购入 100 万元国库券将使商业银行体系总准备金增加 100 万元,在一个没有现金及其他漏出因素的银行体系中,存款将扩张 $100 \times \dfrac{1}{10\%} = 1000$ 万元。

而在题中,存款只扩张了 800 万元,这说明该银行体系有现金等漏出因素的存在。

第八章 货币理论(中)

第一节 习 题

(一) 判断题

1. 费雪认为,$MV = PT$ 中的 V 是固定不变的常数。(   )

2. 现金交易数量说的提出者费雪认为,货币量的变化对实际经济是没有影响的。(   )

3. 传统的两种货币数量说中,剑桥方程式的定义方法具有更大的解释能力。(   )

4. 凯恩斯认为,$IS - LM$ 模型非常系统地表述了他的思想。(   )

5. 凯恩斯认为,货币能影响就业。(   )

6. 鲍莫尔认为,利率对于现金的交易需求没有影响。(   )

7. 弗里德曼的货币需求函数中,考虑到了货币需求偏好。(   )

8. 货币学派认为,货币政策是稳定经济的有效工具。(   )

9. 根据凯恩斯的有效需求理论,货币量的改变影响有效需求,当有失业存在时,物价不变,一达到充分就业,物价即随货币数量同比例上升。(   )

10. 现金交易数量说强调了人们对货币的主观需求因素。(   )

11. 剑桥方程式与交易方程式有明显的相似之处，使 $k = 1/V$，即人们所持有的现金占整个交易量的比例，两个方程式便能达成一致。（ ）

12. 传统的货币数量说主要是价格水平学说，将货币数量与价格水平直接联系起来。（ ）

13. 根据凯恩斯的"流动性偏好"理论，作为货币需求的 3 个动机之一的投机动机是国民收入 Y 的正相关函数。（ ）

14. 根据凯恩斯的"流动性偏好"理论，当市场利率足够低时会产生"流动性陷阱"，即货币需求只由谨慎动机和交易动机决定，是国民收入 Y 的正相关函数。（ ）

15. 惠伦模型的缺陷在于，交易性货币需求对交易量和利率的弹性分别为 0.5 和 -0.5 的假设是站不住脚的。（ ）

16. 鲍莫尔模型论证了即使是纯粹作为交易工具的货币，也对利率相当敏感，并随收入提高，且有"规模经济"的特点。（ ）

17. 托宾模型忽略了价格波动因素。从名义价值看，货币是无风险资产，但用实物价值衡量，货币价值随物价波动而升降。（ ）

18. 所谓"凯恩斯效应"是指价格下降后，利率水平也会提高，从而 IS 曲线右移。（ ）

19. 对货币经济的不确定性，即人们未来预期对经济的重要影响的忽略是 $IS\text{-}LM$ 模型的一个重大弱点。（ ）

20. 弗里德曼的理论不同于传统的货币数量说在于：传统的数量说假设货币的流通速度 V 不变，弗里德曼认为货币需求是多变的。（ ）

21. 弗里德曼的货币需求理论的一个重要特点是，他以"恒久收入"来代替当前收入作为财富的代表。（ ）

22. 弗里德曼货币理论的政策含义是：货币的流通速度是宏观经济学中的重要关系，货币供给是最重要的政策变量。（ ）

23. 凯恩斯学派的传递机制主要是资产组合效应和财富效应，重视利率在传递机制中的作用。（ ）

24. 货币学派反对将货币政策作为经济的微调工具，主张实行

"单一规则",即保证货币供给有一个长期稳定的增长率。(　　)

（二）选择题

1. 下列不是凯恩斯提出的货币需求动机的是：_____。

A. 谨慎动机　　B. 所得动机　　C. 业务动机　　D. 偏好动机

2. 从鲍莫尔的模型可得实际平均交易余额同_____无关。

A. 交易量　　B. 偏好　　C. 手续费　　D. 利率

3. 惠伦模型中的最适度预防性现金余额_____。

A. 同非流动性成本负相关　　B. 同净支出方差负相关

C. 同利率正相关　　D. 同收入和支出的次数有关

4. 关于托宾的货币需求模型,下列错误的是：_____。

A. 托宾将资产选择理论融入到货币需求理论中

B. 托宾认为典型的投资者为风险回避者

C. 托宾模型考虑到了价格波动因素

D. 托宾模型只包括货币和公债两种资产

5. 下列不是影响货币需求的机会成本变量的是：_____。

A. 利率　　B. 财富

C. 物价变动水平　　D. 交易成本

6. 下列模型中,不是对货币理论的发展的是：_____。

A. 米勒-奥尔模型　　B. 惠伦模型

C. 资本资产定价模型　　D. 托宾模型

7. 以下理论及模型中,不属于对凯恩斯"流动性偏好"理论的发展的是：_____。

A. 惠伦模型　　B. 托宾模型

C. 货币理论　　D. 鲍莫尔模型

8. 被称为"栖息的货币"的货币是_____的内容。

A. 现金交易数量说　　B. 现金余额数量说

C. 流动性偏好理论　　D. 货币学派的货币需求理论

9. 认为货币的交易需求也与利率有关,并将凯恩斯货币理论模型修正为 $M = M_1 + M_2 = L_1(Y, r) + L_2(r)$ 是_____经济学家的贡献。

A. 弗里德曼　　B. 鲍莫尔　　C. 卢卡斯　　D. 托宾

10. 以下观点中,不属于反对庇古效应的论点的是: _____。

A. 作为外部货币的政府负债不应包括在作为庇古效应基础的财富当中

B. 货币供应未必是外生的

C. 当前物价水平下降可能会使消费者的预期价格进一步下降,因而暂时延迟消费支出,削弱庇古效应

D. 在考虑价格下降对工厂的货物需求所引起的效应时,我们忽略了分析供给方面

11. 按照凯恩斯的货币理论,当市场利率无限高时,人们的货币需求决定因素是: _____。

A. 谨慎动机　　　　　　　B. 投机动机

C. 交易动机与投机动机之和　　D. 交易动机与谨慎动机之和

12. 以下有关命题中,不属于凯恩斯的就业理论的内容的是: _____。

A. 雇主愿意雇佣的工人数 N,取决于有效需求 D,有效需求包括实际的总消费量 D_1 以及实际的总投资量 D_2

B. 在技术、资源与资本状况不变时,总收入(货币收入和实际收入)决定于就业量 N

C. 总收入决定消费量(若消费倾向不变)

D. 总供给函数也是均衡就业量的决定因素之一

13. 下列有关货币学派与凯恩斯学派在货币理论方面的分歧的论述,正确而且最本质的一点是: _____。

A. 货币学派重视货币供应量对货币需求的作用,而凯恩斯学派否定货币供应量对货币需求的作用

B. 两者都承认货币供应量的作用,只是传导机制不同

C. 凯恩斯学派是从货币需求角度来讨论问题,而货币学派完全是在进行货币供给方面的分析

D. 凯恩斯学派的传递机制主要是资产组合效应,而货币学派的传递机制是财富效应

14. 以下有关命题中,属于货币学派货币理论的命题的是:
_____。

A. 利率是货币需求的重要决定因素

B. 实际利率、实际经济增长率都是由经济中的实际因素决定的

C. 货币政策是稳定经济的有效工具,货币当局应根据经济现状及时地调整货币政策以适应经济发展

D. "恒久收入"概念是一个不包含人力资本在内的纯物质化的概念

15. 以下表述中,不属于凯恩斯学派和货币学派在货币政策传递机制上的差别的是:_____。

A. 凯恩斯学派认为资产组合效应发生在金融资产上,而货币学派认为还应该包括其他形式的资产

B. 货币学派认为传递机制是直接的,不通过利率,而凯恩斯学派认为利率为传导的主要因素之一

C. 货币学派不认为货币政策的变动要经过投资乘数效应来起作用,而凯恩斯学派认为反之

D. 货币学派和凯恩斯学派都赞同财富效应对传递机制的作用

16. 下列对鲍莫尔模型的批驳当中,正确的是:_____。

A. 该模型进一步减弱了利率在传递机制中的作用,替货币学派找到了理论的支持

B. 该模型只是在凯恩斯模型基础上,对 Y 与交易动机的关系进行量化,没有新观点出现

C. 该模型假设过于简单,交易性货币需求对交易量和利率的弹性分别为 0.5 和 -0.5 是站不住脚的

D. 根据该理论得出的萧条时期货币政策的效果可能比预期的要大的结论是站不住脚的

17. "流动性陷阱"是凯恩斯理论中的一个概念,它是出现在_____传递机制中的环节。

A. 货币供应量增加⇒利率趋于下降

B. 利率趋于下降⇒投资需求上升

C. 投资需求上升⇒就业量上升

D. 就业量上升⇒产出和收入增加

18. 在以下各图中，根据凯恩斯的理论，投资对利率不敏感时的
IS 曲线是：_____。

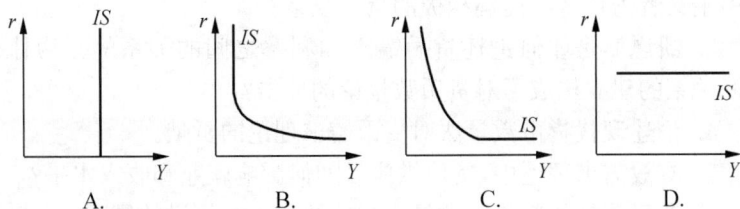

A.　　　　　　B.　　　　　　C.　　　　　　D.

（三）名词解释

1. 流动性陷阱

2. 规模变量

3. 机会成本变量

4. 货币需求函数

5. 现金交易数量说

6. 现金余额数量说

7. 费雪的"过渡时期"

8. 投机动机

9. 流动性偏好

10. 鲍莫尔模型

11. 弗里德曼难题

12. 单一规则

13. 恒久收入

14. "有效需求"论

15. 惠伦模型

16. 庇古效应

17. 理性预期理论

18. 适应性预期

19. 有效市场理论

20. 卢卡斯批判

(四) 问答题

1. 货币需求的决定因素有哪些?

2. 货币主义者认为的货币量对经济发生作用的机制是什么? 货币主义者为什么不提倡积极的货币政策?

3. 凯恩斯是如何论述货币需求和利率之间的关系的? 为什么这一关系的建立构成了对货币数量论的冲击?

4. 论述现代货币数量法对货币需求理论的贡献。

5. 有效需求理论中,货币供应量如何影响就业和收入水平?

6. 弗里德曼的新货币数量说与传统货币数量说的异同。

7. 弗里德曼是如何解释商业周期中,货币流通速度是与收入同方向变动的?

8. 货币主义者为什么认为货币需求的利率弹性很低?

9. 简述货币学派的观点。

10. 影响我国货币需求的主要因素有哪些?

11. 试述传统货币数量说中现金交易数量说与现金余额数量说的主要内容与区别。

12. 简述凯恩斯流动性偏好理论所述的货币需求的构成。

13. 试述凯恩斯货币理论的几个主要发展。

14. 试分析凯恩斯宏观经济模型对利率变量的依赖性。

15. 试述弗里德曼货币需求函数的构成及其与古典的货币数量说和凯恩斯货币需求的不同之处。

16. 论述凯恩斯学派和货币学派在货币理论"传导机制"上的不同。

17. 请简述"理性预期"之前的几种预期。

18. 简述理性预期革命的政策意义。

第二节　习题答案

(一) 判断题

1. ×　2. √　3. √　4. ×　5. ×　6. ×　7. √　8. ×
9. ×　10. ×　11. √　12. √　13. ×　14. √　15. ×　16. ×

17. ✓　18. ×　19. ✓　20. ✓　21. ×　22. ✓　23. ×
24. ✓

（二）选择题

1. D　2. B　3. D　4. C　5. B　6. C　7. C　8. B　9. B
10. A　11. D　12. A　13. B　14. B　15. D　16. C　17. A
18. A

（三）名词解释

1. 流动性陷阱：如果公众的流动性偏好比货币数量增加得更快，则新增的货币投放都被公众以货币形式持有，货币供应量的增加不能使利率降低，这种情况称为流动性陷阱。

2. 规模变量：规模变量主要是指收入和财富等表现经济活动规模的变量。

3. 机会成本变量：机会成本是指持有货币，尤其是持有现金和活期存款等狭义形式货币所放弃的收益。机会成本变量主要有：利率、通货膨胀率、交易成本，在开放经济条件下还有预期外国短期利率和汇率变动。

4. 货币需求函数：凯恩斯提出了构成货币需求的三种动机：交易动机、预防动机和投机动机，以 M_1 代表为满足交易动机和预防动机而持有的现金额，M_2 为满足投机动机而持有的现金额。与这两部分现金额相对应的是两个流动性偏好函数 L_1 和 L_2，L_1 主要取决于收入水平，L_2 主要取决于当前利率水平与当前预期状况的关系。从总体上，凯恩斯认为货币需求函数是 $M = M_1 + M_2 = L_1(Y) + L_2(r)$。

与传统的货币数量说不同，弗里德曼不把货币需求看成是由支付习惯、工业一体化程度等决定的常数，而是一个由许多变量决定的函数。他将货币看成是一种资产，认为它仅是保持财富的一种方式，从而使得货币需求理论成了资本理论中的一个特殊论题。弗里德曼的货币需求函数可以表示为

$$M = f\left(P,\ r_b,\ r_e,\ \frac{1}{P} \times \frac{\mathrm{d}P}{\mathrm{d}t},\ W,\ Y,\ u\right).$$

其中，P 代表价格水平；r_b、r_e 分别表示债券、股票的预期名义收益率；$\frac{1}{P} \times \frac{\mathrm{d}P}{\mathrm{d}t}$ 为通胀率；W 为非人力财富对人力财富的比例；Y 为恒久收入；u 代表影响货币需求偏好的其他因素。

5. 现金交易数量说：美国经济学家费雪是货币交易数量说的代表，他曾提出了著名的交易方程式 $MV = PT$，M 是一定时期内流通中的货币平均量，V 代表货币的流通速度，P 为交易中各类商品的平均价格，T 为各种商品的交易量。

所以 $M = \frac{PT}{V}$，费雪认为其中 V 和 T 在长期内都不受 M 变动的影响，V 由制度因素决定，而 T 取决于资本、劳动力及自然资源的供给状况和生产技术水平等非货币因素，所以费雪的结论是"货币数量决定物价水平"。

6. 现金余额数量说：现金余额数量说是马歇尔、庇古等剑桥经济学家创立的，他们考察货币的作用时强调了人们对货币的主观需求因素。剑桥方程式中最常用的是：$M = k \times P \times R$，其中 k 是 R 中以货币形式持有的比例，R 为"真实资源"。由于 R 与 k 的外生性，现金余额说的结论与交易方程式的结论一致。

7. 费雪的"过渡时期"：费雪在其《货币的购买力》中专辟一章，讲述"过渡时期"的状况：货币量增加的最初影响是引起物价上涨，投资者的利润增加，从而鼓励他们向银行借款扩大投资，投资扩大使产出和就业增加。物价上涨也会加快货币流通速度，因为人们预期物价可能继续上涨，都急于将货币换成价值稳定的实物。"货币和存款的突然变动将会暂时地影响它们的流通速度和交易量……因此，在过渡时期内很难说'数量说'是绝对正确的"。当 M 和 P 的上升停止，V 和 T 回到以实际因素决定的正常水平时，"M 上升引起物价的严格按比例上升是过渡时期结束以后正常和最终的效果"。费雪的"过渡时期"也许会长达 10 年，这期间所发生的变化，才是许多经济学家最感兴趣的。费雪关于过渡时期的理论，得到了许多学者的赞赏。

8. 投机动机：投机动机是指人们根据对市场利率变化的预测，需要持有货币以便从中获利的动机。这种动机，与交易动机和预防动机相比，凯恩斯认为"需要较详细的考察。理由有两个：一是人们对此动机的了解，不如对其他动机深；二是在传播货币数量改变的产生的各种影响这一点上，这个因素特别重要。"

9. 流动性偏好：凯恩斯将货币需求的动机分成三种：交易动机、预防动机和投机动机，凯恩斯把这种对货币的需求称为流动性偏好。交易动机是为了日常交易而产生的持有货币的愿望，预防动机是为了应付紧急情况而产生的持有货币的愿望，而投机动机是指人们根据对市场利率变化的预测，持有货币以便从中获利的动机。其中，前两种动机是国民收入 Y 的函数，而投机动机是利率 r 的函数。

10. 鲍莫尔模型：这是将交易性货币需求与利率和规模经济的关系以数学公式形式表达的模型。该模型本质上是将管理科学中的最适度存货控制技术运用于货币理论的成果，所以又被称为"货币需求的存货管理模型"。现金存货的成本有两项：一是将债券变现时所必须支付的手续费 b；二是持有现金而牺牲的利息(机会成本)。设每次变现额为 k，支出总额为 y，利率为 r，则现金存货的总成本为

$$c = b \times \frac{y}{k} + r \times \frac{k}{2}。$$

根据数学上的原理，c 的最小值在其一阶导数为零处取得，从而得出：$k = \sqrt{\dfrac{2by}{r}}$。

11. 弗里德曼难题：弗里德曼的货币理论是"名义收入的货币理论"，货币量增加引起的名义收入增加，短期内会引起产出增加。但在名义收入的增加中，有多少是由于实际收入增加，多少是由于价格水平提高，弗里德曼认为，根据人们现有的知识水平，这是很难划分的，但这种划分却是十分重要的。"货币收入的变动如何在价格与数量之间划分，亟待更多的研究"，因而有人将这一问题称为"弗里德曼难题"。

12. 单一规则：货币学派认为，货币数量变化与货币收入变化之

间存在着"时滞",时滞本身的长短变化不定。因此,在实践中,货币政策不可能用来作为经济微调工具,企图利用货币政策作为稳定工具只会使经济变得更不稳定。因此,货币学派主张保证货币供给有一个长期稳定的增长率,这就是所谓的"单一规则"。

13. 恒久收入:在弗里德曼的货币理论当中,他不使用当前收入作为财富的代表,而采用他在消费理论中提出的"恒久收入"的概念来代替。弗里德曼认为,货币需求是由总财富和各种不同形式财富的报酬两类因素决定的函数,同时他又利用了资本学说里财富是收入的资本化价值的观点,因此,恒久收入是弗里德曼的财富概念,包括货币、金融资产及人力财富等。

14. "有效需求"论:这是凯恩斯在货币与整个产出、就业之间的关系方面的理论。他认为,均衡就业量由以下三个因素决定:① 总供给函数 Φ;② 消费倾向 X;③ 投资量 D_2。事实上,由于总供给函数的外生化,就业量取决于消费需求和投资需求,这就是所谓的有效需求,总供给超过两者之和的部分就是有效需求的不足,将引起失业。而投资需求取决于利率,利率受货币供应量的影响,即:当货币供给量增加时,利率趋于下降,投资需求上升,从而就业量上升,产出和收入增加。

15. 惠伦模型:在考虑了收入和支出在时间上的不确定性以后,惠伦等人先后论证了预防动机的货币需求同样为利率的减函数,惠伦模型比较有代表性。他假设影响预防性货币需求的因素有三个:非流动性成本、持有预防性现金余额的机会成本、收入和支出的平均和变化情况。模型的结论是 $M = \sqrt[3]{\dfrac{2Q^2 b}{r}}$,即最适度的预防性现金余额同净支出方差 Q^2、非流动性成本 b 正相关,与利率 r 负相关。

16. 庇古效应:庇古效应是对凯恩斯模型的一种补充,与"凯恩斯效应"并称为"实际余额效应"。其内容是价格下降后,消费水平也会提高,从而 IS 曲线右移。这解决了凯恩斯效应在流动性陷阱和投资缺乏利率弹性两种情况下不起作用的难题,从而论证了在价格和工资可以自由升降的情况下,经济能够自动回复到均衡状态,并将凯恩斯学派模式中低于充分就业非均衡归因于价格刚性。

17. 理性预期理论：理性预期理论以货币主义的"自然失业率假说"为基础，以"理性预期假说"为核心，将预期作为一种基于经济模型中的理性经济预测，以此区别于凯恩斯的"非理性预期"和弗里德曼的"适应性预期"。理性预期明确否定政府政策的有效性，对宏观经济学在指导经济政策方面的作用做出与传统观点截然不同的解释。

18. 适应性预期：20世纪五、六十年代的经济学家通常认为，预期仅仅由过去的经验所形成，也就是预期将随时间的推移和以往数据的变化，而缓慢地作出调整。这种预期形成的观点被称为"适应性预期"。

19. 有效市场理论：有效市场理论是理性预期理论在证券定价问题上的应用。该理论认为，现时的证券价格将完全反映所有的可知信息，因为在有效市场上，所有未加以利用的盈利机会都将被消除。消除盈利机会是保障金融市场有效性的必要条件，但这并不要求市场所有参与者都能获得充分信息，并做出理性预期。有效市场理论的一个重要含义是，股票价格将大致随机变动，而无法预先知道。

20. 卢卡斯批判：罗伯特·卢卡斯在其著名的《计量经济学的政策评价：一个批判》一文中，对传统的计量经济模型用来评估政策的有效性提出了质疑。经济学家建立模型的目的有两个：预测经济行为，评估政策效果。尽管卢卡斯对于这些模型作为预测工具的有效性并没有任何提及，但他声称，并不指望这些模型来预测某一特定的政策对经济所产生的潜在效果。

卢卡斯对这一政策评价过程的挑战，是基于理性预期理论推导出的一个简单原则：当被预测的变量的行为发生改变时，预期的形成方式（即预期与过去信息的关系）也将发生相应的变化，它引出了著名的对政策评价的计量经济方法的卢卡斯批判。卢卡斯指出，当政策发生变化时，预期的形成方式也发生了变化，这样经济模型中变量之间的关系也会随之改变，基于历史数据估计的计量经济模型在预测经济变化所带来的效果时,其前提就发生了错误,因此必然推出一个错误的结论。卢卡斯批判指出,不仅传统的计量经济模型不能用于评价政策效果,而且某一特定政策的效果在很大程度上取决于公众对政策的信心。

(四) 问答题

1. 货币需求的决定因素有哪些?

答:弗里德曼把货币需求看成是一个由许多变量决定的函数。他将货币看成是一种资产,认为它仅是保持财富的一种方式,从而使得货币需求理论成了资本理论中的一个特殊论题,它基本是由① 总财富;② 各种不同形式财富的报酬,这两类因素决定的函数。

但是,弗里德曼在强调预算的制约因素是财富而不是收入时,利用了资本学说里一个基本原理,即财富不过是收入的资本化价值。因此他拒绝把当前收入作为财富的代表,而采用他在消费理论中提出的"恒久收入"的概念来代替。在弗里德曼的财富概念中,除了货币、金融资产等财富形式外,还有"人力财富",即人们的赚钱能力。人力财富在总财富中的比例越大,对货币的需求也越大。

不同形式财富的报酬是持有货币的机会成本,弗里德曼以债券、股票作为非人力财富的代表。通货膨胀率是影响机会成本的一个因素,价格水平也是一个影响货币需求的主要变量。

弗里德曼的货币需求函数可以表示为

$$M = f\left(P, r_b, r_e, \frac{1}{P} \times \frac{\mathrm{d}P}{\mathrm{d}t}, W, Y, u\right)。$$

其中,P 代表价格水平;r_b,r_e 分别表示债券、股票的预期名义收益率;$\frac{1}{P} \times \frac{\mathrm{d}P}{\mathrm{d}t}$ 为通胀率;W 为非人力财富对人力财富的比例;Y 为恒久收入;u 代表影响货币需求偏好的其他因素。

2. 货币主义者认为货币量对经济发生作用的机制是什么?货币主义者为什么不提倡积极的货币政策?

答:货币主义者的传送机制主要是资产组合效应。在资产组合的理论体系中,货币是一种代表一般购买力的资产,和其他资产一样,货币也有其外在的或隐含的收益率。不同于凯恩斯学派,货币学派强调的是包括实物资产在内的一种资产组合效应,而不仅仅是金融资产的利率,而且他们认为货币在金融领域内的可替代程度是很低的,因而货币需求的利率弹性很低。

所以货币学派认为,货币发生作用的传递机制直接而迅速,不像凯恩斯学派认为的那么间接和迂回,需要投资乘数效应的诱发。货币主义者不重视利率在传递机制中的作用,一方面是因为扩大资产范围之后,货币需求的利率弹性很低;另一方面是因为名义利率有误导的作用。一项扩张的货币政策可能只是暂时地降低利率,当货币供给的增加逐步渗透,导致支出增加、物价上升,利率又会开始上升。因此,利率是关于货币政策宽松,还是严谨的容易误导的指标。

货币学派的传送机制除资产组合效应外,还有财富效应。当资产价格上升后,资产所有者的财富增加,因此支出增加。如果是个人,其消费品支出增加;如果是厂商,投资支出增加,结果导致产出和收入的增加。

货币学派不提倡积极的货币政策,这是因为他们认为:货币数量与货币收入变化之间存在着"时滞",时滞本身的长短变化不定。因此,在实践中,货币政策不可能用来作为经济微调的工具,企图利用货币政策作为稳定工具只会使经济变得更不稳定。货币政策应该实行"单一规则",即保证货币供给有一个长期稳定的增长率。

3. 凯恩斯是如何论述货币需求和利率之间的关系的? 为什么这一关系的建立构成了对货币数量论的冲击?

答:凯恩斯提出了构成货币需求的三种动机:交易动机、预防动机和投机动机。交易动机指的是为了日常交易而产生的持有货币的愿望。预防动机也称为谨慎动机,是指为应付紧急情况而产生的持有货币的愿望。投机动机是指人们根据对市场利率变化的预测,需要持有货币以便从中获利的动机。在正常情况下,为满足交易动机和预防动机所需要的货币量,主要取决于经济形势和货币收入水平,基本上不受其他因素影响。用于满足投机动机的货币需求,随利率的变化而变化,两者之间的关系可以用一条连续曲线表示。

　　凯恩斯以 M_1 代表为满足交易动机和预防动机而持有的现金额，M_2 为满足投机动机而持有的现金额。与这两部分现金额相对应的是两个流动性偏好函数 L_1 和 L_2，L_1 主要取决于收入水平，L_2 主要取决于当前利率水平与当前预期状况的关系。从总体上，凯恩斯认为货币需求函数是 $M = M_1 + M_2 = L_1(Y) + L_2(r)$。

　　凯恩斯认为，如果 M 的改变是由于政府印发纸币用于财政支出而增加，新发的纸币必然成为某些人的收入。但新的收入水平不会增加到这样一种程度，使得 M 的增加全部吸收在 M_1 之中。多余的货币要另找出路，购买证券或其他资产，于是利率降低，使得 M_2 加大；同时因为利率降低，刺激 Y 上升，M_1 也增大，直至最后所有新的货币，不是吸收在 M_2 之中，就是吸收在 M_1 之中。他又强调说，要改变 M，必先改变 r。r 改变以后，则一部分因为 M_2 改变；一部分因为 Y 改变，引起 M_1 改变，又产生一个新的均衡。

　　货币需求的投机动机是凯恩斯的独创，正是以投机动机为出发点，凯恩斯的货币理论走上了和传统货币数量说迥然不同的途径。凯恩斯货币理论的一个关键是基于投机动机的流动性偏好 L_2，它和利率呈反向关系，在传播货币量改变所产生的种种影响的过程中，起着特别重要的作用。货币的作用主要有两个：一是充当商品交换的媒介；二是作为贮藏财富的手段。就货币作为商品交换的媒介而言，它只是一种便利，没有什么重要性和实际影响；但就货币作为贮藏财富的手段而言，它将通过利率而影响投资，从而影响产出、就业和收入。古典学派只看到货币的第一个作用，而未看到它的第二个作用，因而得出货币中性的结论；而凯恩斯正是因为看到并强调了货币的第二个作用，所以才得出货币影响就业的结论，甚至将货币的存在看作是持久性失业的根本原因。

　　4. 论述现代货币数量法对货币需求理论的贡献。

　　答："新货币数量说"又称为"货币主义"，主要是由美国芝加哥大学经济学教授米尔顿·弗里德曼和他的同事们发展起来的，这种学说采用了理论分析与实证研究相结合的方式。弗里德曼的货币需求理论是新货币数量说的重要组成部分，与传统的货币数量说不同，弗里德曼不把货币需求看成是由支付习惯、工业一体化程度等决定的常数，而是一个由许多变量决定的函数。他将货币看成是一种资产，认为它仅是保持财富的一种方式，从而使得货币需求理论成了资本理论中的一个特殊论题。弗里德曼的货币需求函数可以表示为

$$M = f\left(P,\ r_b,\ r_e,\ \frac{1}{P} \times \frac{\mathrm{d}P}{\mathrm{d}t},\ W,\ Y,\ u\right)。$$

其中，P 代表价格水平；r_b，r_e 分别表示债券、股票的预期名义收益率；$\frac{1}{P} \times \frac{\mathrm{d}P}{\mathrm{d}t}$ 为通胀率；W 为非人力财富对人力财富的比例；Y 为恒久收入；u 代表影响货币需求偏好的其他因素。

弗里德曼维护了货币需求是稳定的基本观点，并且将"恒久收入"作为决定货币需求的主导因素。通过"恒久收入"这个概念，弗里德曼成功地解释了① 货币的流通速度有周期性变化，但不是利率变化的缘故；② 为什么短期货币乘数（$\Delta Y / \Delta M$）值很大。这一分析的政策含义是：货币的流通速度是宏观经济学中的重要关系，货币供给是最重要的政策变量。

5. 有效需求理论中，货币供应量如何影响就业和收入水平？

答：按照凯恩斯的说法，他的就业理论可以归纳为下列命题：

① 在技术、资源与资本状况不变时，总收入（货币收入和实际收入）决定于就业量 N；② 总收入与消费量 D_1 之间的关系，称为消费倾向，如果消费倾向不变，则消费量取决于总收入，从而也就取决于总就业量 N；③ 雇主愿意雇用的工人数 N，取决于有效需求 D，有效需求包括预期的总消费量 D_1，以及预期的总投资量 D_2；④ $D_1 + D_2 = D = \Phi(N)$，Φ 称为总供给函数，又因为根据第② 条有 D_1 为 N 的函数，记做 $D_1 = X(N)$，X 的形式与消费倾向有关，所以 $\Phi(N) - X(N) = D_2$；⑤ 因此，均衡就业量由下列因素决定：总供给函数 Φ、消费倾向 X 和投资量 D_2。

因为总供给函数是由技术因素决定的，所以消费倾向和新投资量决定就业量 N（劳动就业量又决定劳动边际生产力，从而决定实际工资水平）。当就业量增加时，D_1 增加，但由于消费倾向小于1，D_1

增加得没有收入快。总供给超过消费需求的部分必须由相应的投资需求加以弥补,否则就会产生有效需求不足,就业量不会增加,从而引起失业。

投资需求决定于资本边际效率和利率,若前者高于后者,投资需求增加;反之,投资需求减少。资本边际效率决定于预期投资收益和资本财产的重置成本,在短期内,它上、下波动;在长期中,它则趋于下降。利率决定于货币的供给和需求。货币供给由货币当局决定;货币需求即流动性偏好,由持有货币的交易动机、预防动机和投机动机决定。因此,根据凯恩斯的有效需求原理,货币供应量改变对有效需求,从而对就业量的影响,"是由于货币数量可以左右利率这一点产生的"。货币供应量增加,利率趋于下降,投资需求上升,从而就业量上升,产出和收入增加。

但是,上述货币量对就业、产出发生作用的机制还会受到其他一些因素的影响:①"如果公众的流动性偏好比货币数量增加得更快,则利率不会降低"(即流动性陷阱);②"如果资本边际效率比利率下降得更快,则投资量不会增加"(即投资对利率缺乏弹性);③"如果消费倾向下降,则就业量未必增加"。在这些情况下,利率机制失效,货币量对就业产出几乎没有影响。

6. 弗里德曼的新货币数量说与传统货币数量说的异同。

答:弗里德曼的货币需求函数可以表示为

$$M = f\left(P, r_b, r_e, \frac{1}{P} \times \frac{\mathrm{d}P}{\mathrm{d}t}, W, Y, u\right)。$$

其中,P代表价格水平;r_b, r_e分别表示债券、股票的预期名义收益率;$\frac{1}{P} \times \frac{\mathrm{d}P}{\mathrm{d}t}$为通胀率;$W$为非人力财富对人力财富的比例;$Y$为恒久收入;$u$代表影响货币需求偏好的其他因素。

不论采取哪一种名义来表示P和Y,都不会改变上式中的关系,所以如果表示物价和货币收入的单位发生变化,货币需求量也应作同比例变化。在数学上,这意味着货币需求M是P和Y的一阶齐次式,即

$$\lambda M = f\Big(\lambda P,\ r_b,\ r_e,\ \frac{1}{P}\times\frac{\mathrm{d}P}{\mathrm{d}t},\ W,\ \lambda Y,\ u\Big)。$$

取 $\lambda=\dfrac{1}{P}$，有 $\dfrac{M}{P}=f\Big(r_b,\ r_e,\ \dfrac{1}{P}\times\dfrac{\mathrm{d}P}{\mathrm{d}t},\ W,\ \dfrac{Y}{P},\ u\Big)$，表示对实际余额的需求是实际变量的函数，它不受名义价值变化的影响。

取 $\lambda=\dfrac{1}{Y}$，有 $\dfrac{M}{Y}=f\Big(\dfrac{P}{Y},\ r_b,\ r_e,\ \dfrac{1}{P}\times\dfrac{\mathrm{d}P}{\mathrm{d}t},\ W,\ u\Big)=$
$$\dfrac{1}{V\Big(r_b,\ r_e,\ \dfrac{1}{P}\times\dfrac{\mathrm{d}P}{\mathrm{d}t},\ W,\ \dfrac{Y}{P},\ u\Big)}，可改写为$$

$$M\cdot V\Big(r_b,\ r_e,\ \frac{1}{P}\times\frac{\mathrm{d}P}{\mathrm{d}t},\ W,\ \frac{Y}{P},\ u\Big)=Y。$$

在形式上，这与传统的数量说非常相似，但有两点根本不同：一是在弗里德曼的方程式里，Y 代表恒久收入，是作为财富水平的代表；而在交易方程中，代表当前交易水平。二是弗里德曼不像传统数量说那样，假设 V 是固定不变的，而是认为货币需求是高度稳定的。

弗里德曼进一步指出："数量论者不仅把货币需求函数看作是稳定的，他还认为这一函数在决定，如货币收入水平和物价水平等对整个经济分析极为重要的变数中起着举足轻重的作用。正因为如此，他才特别重视货币需求……数量论者还认为，影响货币供给的若干重要变量并不影响货币需求……只是为了探究货币供给变化所产生的影响，稳定的货币需求函数才是有用的。"

7. 弗里德曼是如何解释商业周期中，货币流通速度是与收入同方向变动的？

答：在商业周期中，流通速度和收入是同方向波动的，由于流通速度是货币需求的倒数，这就意味着货币需求是收入的减函数，这与长期的结论相反。弗里德曼用自己独创的"恒久收入"的概念解释这一点，恒久收入像实测收入（即当前收入）一样会在商业周期过程中波动，但"恒久收入"上升幅度小于实测收入；在衰退阶段，"恒久收入"的下降幅度又小于实测收入。流通速度如果按"恒久收入"计算，则有可能在繁荣时期下降，从而货币需求上升；在衰退时期上升，从而货币需求下降。

8. 货币主义者为什么认为货币需求的利率弹性很低?

答:货币主义者从理论上提出了一个从货币量到名义收入、价格水平之间"传送机制"的令人信服的说明。货币主义者的传送机制主要是资产组合效应。在资产组合的理论体系中,货币是一种代表一般购买力的资产,和其他资产一样,货币也有其外在的或隐含的收益率。经济单位的资产构成随市场情况加以调整,直到各种资产的边际收益率相等,才达到均衡状态。凯恩斯学派经济学家也是承认这种资产组合效应的,但货币主义者认为资产的范围不应该局限在货币等少数金融资产上,还应该包括其他形式的资产,如厂房、设备,甚至包括耐用消费品、衣服,通过锻炼获得的技能等人力资本,诸如此类。每种资产都有一个利率,因为这些货物或人力资本的作用不是一下子就释放出来,而是在长时间内不断地提供服务或收入,这些服务或收入的现值可以按一适当利率将它们计算出来。当货币量增加时,其边际收益下降,因此资产持有者会把货币转为其他资产。这与凯恩斯学派的分析一样,但货币主义者强调的是这种资产组合的调整包括实物资产在内,直到各项资产的利率都相等,而不仅仅是金融资产的利率。当货币量增加时,投资者除购买金融资产,使其价格上升、利率降低外,还可以将闲置资金用于购买各种消费品和资本品,促使其价格上升、生产扩张,从而产出和收入水平上升。因此,货币学派认为货币的替代程度是很低的,因而货币需求的利率弹性很低。

9. 简述货币学派的观点。

答:货币学派的观点主要有:

① 货币需求是少数几个可以观察到变量的稳定函数,在这些变量中,恒久收入最为重要,利率没有被看成是货币需求的重要决定因素。

② 在货币供应发生变动时,因为货币和其他金融资产之间的替代效应很小,即货币需求的利率弹性很低,为使货币需求与已改变的货币供求均衡,收入水平必须改变。

③ 决定货币需求的主要因素是恒久收入,它是实测收入的平均值,为在货币市场重建均衡,在短期内的收入必须有较大的变化。

④ 在货币量发生作用的传送机制解释上，货币学派认为，货币是一种有独特性的资产，它的替代品不仅包括金融资产，还应当包括房产、耐用消费品、投资品等所有实物资产，通过资产组合效应，货币的作用直接而迅速。

⑤ 实际利率、实际收入增长率都是由经济中的实际因素决定的。当货币供应增长率等于预期名义收入增长率时，名义收入增长率等于货币增长率。只有当货币增长率有意外增加时，名义收入增长率才会高于预期值。

⑥ 由于时滞因素，货币政策的短期作用很难预测，货币政策不是经济稳定的有效工具，最好的办法是实行一种与经济增长相一致的货币供应稳定增长的政策。

⑦ 短期内，由货币供给引起的名义收入变动，是物价与产出变动共同作用的结果，两者之间的划分，需要进一步的研究。

10. 影响我国货币需求的主要因素有哪些？

答：影响我国货币需求主要有以下几个因素：

① 规模变量。主要指收入和财富等表现经济活动规模的变量。

② 机会成本变量。是指持有货币，尤其是持有现金和活期存款等狭义形式货币所放弃的收益。机会成本变量主要有：利率、通货膨胀率、交易成本，在开放经济条件下还有预期外国短期利率和汇率变动。

③ 制度变量。是指社会经济体制和生产组织结构等影响货币需求的因素。改革开放使中国的制度变量发生了重大变化，因而制度变量对货币需求的影响非常大。影响中国货币需求的主要制度因素有：货币化进程、软预算约束、价格管制和被迫储蓄。

11. 试述传统货币数量说中，现金交易数量说与现金余额数量说的主要内容与区别。

答：传统的货币数量说在 20 世纪 30 年代发展至巅峰，最具有代表性的两个学说就是现金交易数量说和现金余额数量说。

美国经济学家费雪是货币交易数量说的代表，他曾提出了著名的交易方程式 $MV = PT$，M 是一定时期内流通中的货币平均量，V

代表货币的流通速度,P 为交易中各类商品的平均价格,T 为各种商品的交易量。

所以 $M = \dfrac{PT}{V}$,费雪认为,其中 V 和 T 在长期内都不受 M 变动的影响,V 由制度因素决定,而 T 取决于资本、劳动力及自然资源的供给状况和生产技术水平等非货币因素,所以费雪的结论是"货币数量决定物价水平"。

现金余额说是马歇尔、庇古等剑桥经济学家创立的,他们考察货币的作用时,强调了人们对货币的主观需求因素。剑桥方程式中最常用的是:$M = k \times P \times R$,其中 k 是 R 中以货币形式持有的比例,R 为"真实资源"。由于 R 与 k 的外生性,现金余额说的结论与交易方程式的结论一致。

两个方程式有明显的相似之处,如果设剑桥方程式中的 R 代表费雪交易方程式中的交易量 T,那么不管人们保留货币是为了方便交易或是作为一种财富持有方式,货币持有量总可以表示成交易量 PT 的某个份额,这时 $M = kPT$,同时 $MV = PT$,于是 $k = 1/V$,所以剑桥方程式中的 k 不过是交易方程式中 V 的倒数。但两个方程式又有很大区别,交易说着重分析支出流;而余额说是存量分析,着重在货币的持有而不是支出。

12. 简述凯恩斯流动性偏好理论所述的货币需求的构成。

答:凯恩斯在流动性偏好理论中,分析了货币需求的各种动机,从而形成了自身的货币需求理论。他从庇古等人那里承袭了前两个动机——交易动机和预防动机,并自己独创了一个投机动机。

① 交易动机,指的是为了日常交易而产生的持有货币的愿望,又可以再分为所得动机和业务动机,前者对应于个人,后者对应于企业。

② 预防动机,又称谨慎动机,是指为了应付紧急情况而产生的持有货币的愿望。

③ 投机动机,是指人们根据对市场利率变化的预测,需要持有货币以便从中获利的动机。

前两者的强度,部分取决于需要现款时临时借款的可靠性和代价,取决于持有现金的相对成本;而后者则直接与市场的现行利率,即投资的回报率有关。

13. 试述凯恩斯货币理论的几个主要发展。

答:① 鲍莫尔模型:认为交易性货币需求与利率和规模经济有关,并首次将其用数学公式的形式表达,该模型本质上是运用最适度存货控制技术于货币理论的成果,所以又通称为"货币需求的存货管理模型"。模型的内容是:实际平均交易余额为:$\dfrac{M}{P} = \dfrac{1}{2}\sqrt{\dfrac{2by}{r}}$,这是著名的"平方根公式"。它表明:在交易量或手续费增加时,最适度现金存货余额将增加;而当利率上升时,这一余额会下降,从而将利率与交易性货币余额联结起来。

② 惠伦模型:论证了预防动机决定的货币需求,也同样为利率的减函数,即 $M = \sqrt[3]{\dfrac{2Q^2 b}{r}}$。它表明:最适度的预防性现金余额同净支出方差 Q^2、非流动性成本 b 正相关,与利率 r 负相关。

通过以上两个模型,凯恩斯的货币需求函数已被修正为 $M = M_1 + M_2 = L_1(Y, r) + L_2(r)$。

③ 托宾模型:将凯恩斯的流动性偏好理论,扩大和修正为资产偏好或资产组合论。

14. 试分析凯恩斯宏观经济模型对利率变量的依赖性。

答:凯恩斯学派宏观经济模型主要是以汉森的 IS-LM 模型为工具,分析当货币量增加时,利率下降,从而货币需求增加;同时利率下降导致投资增加,通过"乘数机制",提高就业和产出水平,收入增加反过来又提高货币需求。IS 曲线代表商品市场上的均衡,LM 曲线代表货币市场上的均衡,只有将两者结合起来,才能决定一组使得这两个市场同时达到均衡的利率 r 和收入水平 Y。

凯恩斯学派片面强调了凯恩斯指出的货币量发生作用时可能遇到的两重难关:公众的流动性偏好比货币量增加得快,利率不会降低(即流动性陷阱),从而 LM 曲线为水平;或资本边际效率比利率下降得更快(即投资缺乏利率弹性),投资量不会增加,从而 IS 曲线垂直。因此,整个凯恩斯宏观经济模型都是以利率为主线的。

15. 试述弗里德曼货币需求函数的构成及其与古典的货币数量说和凯恩斯货币需求的不同之处。

答:弗里德曼的货币需求函数可以表示为

$$M = f\left(P, r_b, r_e, \frac{1}{P} \times \frac{\mathrm{d}P}{\mathrm{d}t}, W, Y, u\right),$$

他用一个"恒久收入"的概念来代替当前收入作为财富的表达形式。

与传统的货币数量说不同,弗里德曼不把货币需求看成是由支付习惯、工业一体化程度等决定的常数,而是一个由许多变量决定的函数。他将货币看成是一种资产,认为它仅是保持财富的一种方式,从而使得货币需求理论成了资本理论中的一个特殊论题。

凯恩斯货币需求理论虽然也采用了货币需求函数的形式,但表达方式却是完全不同的。凯恩斯认为,货币需求取决于当前收入 Y 和利率 r,他把利率看作是传导过程中的关键变量,从而使得利率成为决定货币需求的主要因素。

16. 论述凯恩斯学派和货币学派在货币理论"传导机制"上的不同。

答:货币主义者的传送机制主要是资产组合效应。在资产组合的理论体系中,货币是一种代表一般购买力的资产,和其他资产一样,货币也有其外在的或隐含的收益率。不同于凯恩斯学派,货币学派强调的是包括实物资产在内的一种资产组合效应,而不仅仅是金融资产的利率,而且他们认为货币在金融领域内的可替代程度是很低的,因而货币需求的利率弹性很低。

所以货币学派认为,货币发生作用的传递机制直接而迅速,不像凯恩斯学派认为的那么间接和迂回,需要投资乘数效应的诱发。货币主义者不重视利率在传递机制中的作用,而在凯恩斯学派的货币理论传递机制当中利率是个关键性的传递变量。

17. 请简述"理性预期"之前的几种预期。

答:预期是对未来情况的估计,所有的经济主体在作出决策之前,都会对决策的影响进行预期,这最终会影响到政府政策的效果。

经济学家也较早就对"预期"进行了自觉或不自觉的关注。剑桥学派的马歇尔（A. Marshall）在提出"均衡利息论"时，就提出均衡利息这个决定于资本供求均衡的概念。其中"等待"是牺牲"现期满足"，而对"延期满足"的补偿，构成资本的供给价格。这里的"等待"就是一种预期。这表明早期的西方学者已经不自觉地运用了"预期"的概念。

"凯恩斯革命"以来，预期概念得到了普遍的运用。凯恩斯的《通论》对货币需求、投资、就业等的分析，无一不取决于经济主体对未来的预期。然而，在凯恩斯的理论体系中，对预期的论述还是假设性和零散的，而不是系统的和分析性的；而且，在凯恩斯的模型中，预期的形成似乎被置于经济学之外，属于心理学的范畴。凯恩斯的预期主要还是指经济主体的主观情绪与心理状况，与基于经济模型之上的理性的经济预测还有很大的差距，因此被称为"非理性预期"。

20世纪五、六十年代的经济学家通常认为，预期仅仅由过去的经验所形成，也就是预期将随时间的推移和以往数据的变化，而缓慢地作出调整。这种预期形成的观点被称为"适应性预期"。例如，对通货膨胀的预期，通常被认为是过去一些年中通货膨胀率的平均数。弗里德曼货币主义理论中所引入的就是这种适应性预期。

18. 请简述理性预期革命的政策意义。

答：由于卢卡斯和萨金特的分析对政策实施方式具有重大的意义，因此他们的理论被称为"理性预期革命"。理性预期革命的一个结果是，经济学家们更加重视预期对经济决策行为和政策效果的影响。通过他们的理论我们可以看到：理性预期的存在降低了积极干预主义成功的概率，也使得经济学家对积极干预主义的政策效果不太乐观；同时，考虑到理性预期的存在，政策成功与否的一个重要因素就是公众对政策的信任。理性预期革命是当前货币理论中很多争论的核心，它对货币政策和财政政策的实施具有深远的意义。

第九章 货币理论(下)

第一节 习 题

(一) 判断题

1. 批发物价指数没有包括商品最终销售时的价格变动。( )

2. 通货膨胀缺口也可用来度量现实的通货膨胀。( )

3. 通货膨胀不是指一次性或短期的价格总水平的上升,只有当价格持续的上涨作为趋势不可逆转时,才可称为通货膨胀。( )

4. 在通货膨胀的度量指数当中,消费物价指数和批发物价指数是应用最为广泛的。( )

5. 私人储蓄倾向提高、消费倾向降低,或者政府增加支出都会产生通货膨胀压力。( )

6. 凯恩斯学派主要赞同需求拉上的通货膨胀成因说,而货币学派则主张成本推进型的通货膨胀成因说。( )

7. 在封闭型经济中,标准的成本推进型通货膨胀是通过工资—物价螺旋上升的机制发生作用的。( )

8. 结构性通货膨胀成因说从社会的产业结构调整入手,认为在总需求不变的情况下也会引发通货膨胀。( )

9. 通货膨胀具有一种有利于低收入阶层的收入再分配效应,即在通货膨胀过程中,高收入阶层的收入比低收入阶层的收入增加得少。( )

10. 以卢卡斯为首的理性预期学派认为,人们能够充分利用已有信息,形成对未来的无偏估计。这更强调了通货膨胀的无效性,是支持"中性论"的又一理论基础。( )

11. 按照弗里德曼对菲利普斯曲线的发展,第一阶段的菲利普斯曲线支持通货膨胀效应中的"促进论",第二阶段支持"促退论",第三阶段支持"中性论"。( )

12. 通货膨胀的收入再分配效应具体地体现在:固定收入者吃亏,浮动收入者得利,债权人得利,债务人吃亏。( )

13. 恶性通货膨胀一般发生在遭受战争、内战和因社会动乱造成重大破坏的国家,平时极少出现,治理相对复杂。而大多数国家所经历的是比较温和的通货膨胀,治理起来比较简单。( )

14. 供应学派认为,治理通货膨胀,摆脱滞胀困难,治本的方法在于着力增加生产和供给。( )

(二) 选择题

1. 以下对于通货膨胀度量方法的衡量与评价当中,不属于消费物价指数 CPI 的优点的是:_____。

A. 及时反映消费品供给与需求的对比关系

B. 资料容易收集

C. 对商业周期反应敏感

D. 公布次数较为频密,能够迅速直接地反映影响居民生活的价格趋势

2. 不涉及到物价—工资螺旋上涨机制的通货膨胀的成因分析是:_____。

A. 需求拉上型通货膨胀　　　B. 成本推动型通货膨胀

C. 混合性通货膨胀　　　　　D. 结构性通货膨胀

3. 以下所列的经济学家及其著作当中,首先提出结构性通货膨胀的是:_____。

A. 鲍莫尔的《不平衡增长的宏观经济学:城市危机的解剖》

B. 舒尔茨的《最近美国的通货膨胀》

C. 希克斯的《凯恩斯经济学的危机》

D. 托宾的《通货膨胀与失业》

4. 下列论点中,不属于结构性通货膨胀的观点的是: _____。

A. 经济中存在两大部门:保守部门、先进部门

B. 工资、物价存在下降刚性

C. 社会达到充分就业以后的通货膨胀是真正的通货膨胀

D. 社会的两部门之间存在着劳动生产率增长率的差异

5. 下列表述中,不属于通货膨胀效应中的"促退论"的理论依据的是: _____。

A. 通货膨胀会降低储蓄,从而投资资金减少

B. 较高的通货膨胀率会错误地引导资金流向

C. 通货膨胀使货币贬值,存贷款风险增大

D. 通货膨胀增加了持有现金的机会成本

6. 在通货膨胀的过程中,下列会得到利益的经济个体是: _____。

A. 债权人   B. 浮动收入者

C. 货币财富持有者   D. 靠固定薪金维持生活的人

7. 在治理通货膨胀的政策当中,不属于财政方面的紧缩政策的是: _____。

A. 削减政府支出

B. 限制公共事业投资

C. 制定物价、工资管制政策

D. 增加税赋,以抑制私人企业投资和个人消费支出

8. 把减税作为克服通货膨胀的主要措施的是: _____。

A. 供应学派   B. 凯恩斯学派

C. 货币学派   D. 理性预期学派

9. 以下政策缺陷中,不属于克服通货膨胀的收入政策或称工资物价管制政策的缺陷的是: _____。

A. 政策完全取决于物价与工资是否存在刚性

B. 政策效果取决于劳资双方与政府是否能通力合作

C. 强制性政策会妨碍市场机制对资源的有效配置

D. 政策若没有相应的紧缩需求措施作搭配,则只是把通货膨胀从显性转成隐性

10. 下列经济现象中,表现通货膨胀是中性的是:_____。

A. 货币幻觉消失

B. 人们形成了通货膨胀的预期

C. 失业与通货膨胀之间不再存在替代关系

D. 经济不稳定,市场信号失灵

（三）名词解释

1. 通货紧缩

2. 适应性预期

3. 通货膨胀

4. 通货膨胀缺口

5. 隐蔽型通货膨胀

6. 混合性通货膨胀

7. 结构性通货膨胀

8. 通货膨胀税

9. 菲利普斯曲线

10. 自然失业率

（四）问答题

1. 你对"通货膨胀主要是一种货币现象"的观点有何看法?

2. 试分析隐蔽型通货膨胀产生的原因及其后果。

3. 结构性通货膨胀的模型有哪几种? 它与劳动力市场的特性有何关系?

4. 成本推进型通货膨胀也是一种货币现象吗?

5. "相对于通胀而言,通缩对生产的危害性更大",请对这一观点加以评析。

6. 试比较衡量通货膨胀的消费物价指数、批发物价指数、GNP平减指数的优缺点。

7. 需求拉上型通货膨胀理论有哪两种形态?

8. 结构性通货膨胀的模型有几种? 试简述之。

9. 简要分析"斯堪的纳维亚模型"的内容。

10. 试从菲利普斯曲线的发展过程阐述通货膨胀效应理论。

11. 治理通货膨胀的需求政策、收入政策、供给政策以及结构调整政策分别针对什么类型的通货膨胀? 各有什么优缺点?

12. 请简述国内关于通货膨胀讨论的几种主要流派。

13. 请简述全球化影响通货膨胀的渠道。

14. 请简述萨缪尔森、布坎南、瓦格纳等人的"滞—缩"理论。

15. 请简述克鲁格曼的通货紧缩理论。

16. 简述伯纳克的信贷中介成本理论。

第二节　习题答案

(一) 判断题

1. √　2. ×　3. √　4. ×　5. ×　6. ×　7. √　8. √
9. ×　10. √　11. ×　12. ×　13. ×　14. √

(二) 选择题

1. C　2. A　3. B　4. C　5. D　6. B　7. C　8. A　9. A
10. ABC

(三) 名词解释

1. 通货紧缩:是指一般物价水平持续下跌、币值不断升值的一种货币现象。

2. 适应性预期:是指人们根据以往的经验预测未来所形成的预期。

3. 通货膨胀:是商品和劳务的货币价格总水平持续明显的上涨的过程。即:① 通货膨胀不是指一次性或短期的价格总水平的上升,而是一个持续的过程。只有当价格持续地上涨作为趋势不可逆转时,才可称为通货膨胀。② 通货膨胀不是指个别商品价格的上涨,而是指价格总水平(即所有商品和劳务价格的加权平均)的上涨。③ 通货膨胀是价格总水平的明显上升,轻微的价格水平上升一般不被认为是通货膨胀。

4. 通货膨胀缺口:凯恩斯认为,通货膨胀缺口等于有效总需求与可供私人消费的商品与劳务总量之间的差额，表现在市场上对水平和劳务消费的过度需求。当这种过度需求的压力加大而又没有其他方法可以缓和释放时，通货膨胀就可能现实地发生。因此其与物价指数衡量的通货膨胀率不同，前者只是用来估计通货膨胀发生的可能性，后者则用于度量现实的通货膨胀。

5. 隐蔽型通货膨胀：这是指在市场功能未得到充分发挥的前提下，表面上货币工资没有下降，物价总水平也未提高，但居民的实际消费水准却下降的现象。其前提是，在经济中已经积累了难以消除的过度需求的压力，但由于政府对商品价格和货币工资进行严格控制，过度需求不能通过物价上涨而被吸收，商品供不应求的现实就通过准价格形式表现出来，如黑市、排队、凭证购买等。

6. 混合性通货膨胀：这是指在政府干预经济的情况下，尤其是在凯恩斯主义盛行的时代，政府对成本推进型通货膨胀进行需求方干预治理的结果。当发生成本推进型的通货膨胀时，假定社会总需求不变，工资和物价会螺旋上升，失业增加、产量下降。政府此时采取扩张性的财政、货币政策以扩大总需求，失业和产出量会恢复到原有水平，但物价却会一步步地上升，从而形成所谓的"混合性通货膨胀"。

7. 结构性通货膨胀：这是由经济学家舒尔茨率先提出的一种通货膨胀的成因理论。指在经济中存在两大部门（需求增加部门，需求减少部门；先进部门，保守部门；扩展部门，非扩展部门；开放部门，非开放部门），由于需求转移、劳动生产率增长的不平衡或世界通货膨胀率的变化，一个部门的工资、物价相应上升，但劳动力市场的特殊性要求两个部门工人的工资以同一比例上升，相反的情况出现时，工资与物价存在向下的刚性，结果引起物价总水平的普遍持续上升。

8. 通货膨胀税：通货膨胀的直接表现是货币供给过多，货币是由政府强制发行的，多发行的那一部分直接表现为政府的收入，可以用于增加投资。政府用多发行的货币来购买社会物资，等居民拿到货币再去购买商品时，市场上的商品已经减少，存留于流通领域中的则是更多的货币，这时物价开始上升，居民持有的货币事实上已经贬值，所受损失被国家占有，用于投资。这实质上是政府对所有货币持有人的一种隐蔽性的强制征税,称为"通货膨胀税"。

9. 菲利普斯曲线:这是新西兰经济学家菲利普斯在《1861—1958年英国的失业率与货币工资变化率之间的关系》一文中提出的观点。通过分析,菲利普斯发现在失业率与货币工资上升率之间存在一种比较稳定的替代关系,即在失业率较高的时期,货币工资上升得较慢,甚至有可能由上升变为下降。在此基础上,加拿大经济学家利普赛进一步验证菲利普斯的研究结论,并通过对劳动力市场的供求状况的分析,为菲利普斯曲线提供了理论上的诠释,从而得出了表示货币工资上升率与失业率呈反向关系的菲利普斯曲线。

10. 自然失业率:这是弗里德曼对菲利普斯曲线发展的一种观点。他将长期的均衡失业率称为"自然失业率",它可以和任何通货膨胀水平相对应,且不受其影响。因此,长期的菲利普斯曲线是一条直线。弗里德曼认为,菲利普斯曲线的最大弱点是采用名义工资率来替代通货膨胀率,并由此推断通货膨胀与失业率之间具有稳定的替代关系。但这仅是短期内,通货膨胀尚未被人们预期时的情况。一旦形成了通货膨胀的预期,工人会要求足以补偿物价上涨的更高的名义工资,而雇主却不愿在这个工资水平上提供就业,最终失业率又恢复到"自然失业率"水平。

(四) 问答题

1. 你对"通货膨胀主要是一种货币现象"的观点有何看法?

答:弗里德曼将通货膨胀定义为:"通货膨胀是引起物价长期普遍上涨的一种货币现象。"弗里德曼的这个定义坚持了两点:① 通货膨胀是一种货币现象,而非一般的经济现象,通货膨胀或通货紧缩的发生总是与货币量的多少直接相关;② 通货膨胀所表现出来的物价上涨是长期的和普遍的。因此,探讨通货膨胀问题,离不开对货币因素的分析;如果不是货币量出了问题,是不会出现物价长期普遍上涨情况的。

基于这个定义,货币学派的经济学家认为,在判定是否发生了通货膨胀时,需要注意区分两个界限:① 相对价格变动和平均物价水平变动的界限。相对价格变动,是指由于某些原因造成某些商品的价格上涨、某些商品价格下跌的状况。相对价格的变动属于物价体系内部的调整,只要货币量不发生变化,相对价格此涨彼跌的变动一般不会影响总体物价水平。而平均物价水平的变动,是指所有商品价格的普遍上涨或下跌状况,这种状况的出现通常是由于货币量过多造成的。因为所有商品价格的普遍上涨或普遍下跌导致的是物价水平的变动,而根据货币数量说的原理,物价水平的上下变动与货币量的增减变化之间存在同比例变动关系。因此,相对价格的变动,不能算作通货膨胀;只有平均物价水平的上升,才能看作是通货膨胀。
② 一次性物价上涨和持续性物价上涨的界限。一次性物价上涨通常由某种因素造成,具有临时性和偶然性的特点;而持续性物价上涨是指物价持续不断地上涨,带有长期性和经常性的特点。根据货币学派的观点,一次性的物价上涨通常是由某种特殊原因造成的,与货币量无关,因此不能算作通货膨胀;而持续性的物价上涨只有在货币量发生变动后才可能出现,通常是由货币供应量的持续增长造成的,因此,只有持续性物价上涨才是通货膨胀的表现。

从上述分析可见,货币学派的通货膨胀定义特别注重货币因素,他们认为,个别商品的价格变动和一次性的物价波动可以由多种原因造成,但只要货币量不增加,平均物价水平是不会发生长期、普遍上涨的,因此,通货膨胀首先是一个货币问题,出现通货膨胀的直接原因就是货币量过多。没有货币因素导致的价格变化就没有通货膨胀性,只有因货币量过多造成的物价水平普遍地和持续地上涨才是通货膨胀。

2. 试分析隐蔽型通货膨胀产生的原因及其后果。

答:隐蔽性通货膨胀发生的前提是:在经济中已经积累了难以消除的过度需求压力,但由于政府对商品价格和货币工资进行严格控制,过度需求不能通过物价上涨而吸收,商品供不应求的现实通过准价格形式表现出来,如黑市、排队、凭证购买、有价无货以及一些产品在价格不变的情况下质量下降等。

3. 结构性通货膨胀的模型有哪几种?它与劳动力市场的特性有何关系?

答：结构性通货膨胀的模型主要有以下几种：

1959 年，舒尔茨从经济结构的变化导致需求在部门之间的移动来解释通货膨胀的成因，这就是著名的"需求移动论"。该理论认为：由于短期中需求在部门之间的大规模转移，资源缺乏流动性，不能从需求下降的部门流向需求扩张部门，以及工资和价格缺乏下降的弹性三个方面的原因，在总需求不变的情况下，也会引发结构性通货膨胀。

1967 年，鲍莫尔提出了一个以不同劳动生产率增长率为核心的结构性通货膨胀模型。当先进部门由于劳动生产率的提高而增加货币工资时，由于攀比，落后部门的货币工资也以同样的比例提高。在成本加定价的通常做法下，整个经济必然产生一种由工资成本推进的通货膨胀。

1974 年，希克斯提出模型，将经济分为"扩展部门"和"非扩展部门"，当工资的上升由扩展部门蔓延到非扩展部门时，引起整个经济的工资水平普遍上升。

托宾也提出了类似的见解，提出了相对工资的理论。

还有一类分析小国开放经济结构性通货膨胀的模型，称为"北欧模型"，证明对小国开放经济而言，通货膨胀很大程度上是受到世界通货膨胀的影响。

在结构性通货膨胀的模型中，经济中存在两大部门，当一个部门的工资物价上升时，劳动力市场的特殊性要求两个部门工人的工资以同一比例上升；相反的状况出现时，工资与物价存在向下的刚性，结果引起物价总水平的普遍持续上升。

4. 成本推进型通货膨胀也是一种货币现象吗？

答：以弗里德曼为首的货币学派认为，采用成本推进的说法是不正确的，其理由是：成本推进的通货膨胀理论将个别价格同一般物价水平等同起来，把相对价格与绝对价格混为一谈。只要货币供应量没有变化，则普遍持续的物价上涨不可能发生，某种商品价格上升后，人们在该种商品上的支出可能增加，但是在货币收入不变的条件下，用在其他商品上的支出必然减少。于是一种商品价格的上升为其他商品价格下降所抵消，所以一般物价商品不可能上涨。弗里德曼还指出，由成本上升所引起的物价上涨往往是一次性的，而不会是持续性的。不过，这种一次性的物价上涨可能是政府作出增加货币供应量的反应，从而导致持续性的物价上涨。因此，货币学派认为，成本推进型通货膨胀也是一种货币现象。

5. "相对于通胀而言，通缩对生产的危害性更大"，请对这一观点加以评析。

答：所谓通货紧缩是指货物与服务的货币价格普遍地、持续地下降。通货紧缩与通货膨胀一样，都是经济发展过程中宏观经济运作失衡、失调的一种非良性经济现象。两者区别在于，通货膨胀表现为"供不应求"，通货紧缩表现为"供大于求"。前者是，太多的货币追逐太少的商品；后者是，太多的商品追逐太少的货币。通货紧缩必然冲击和阻碍国民经济的健康发展，其危害在于：造成企业效益下滑、库存大量积压、占用资金、增大费用、影响利润，产品销售不旺，导致生产能力闲置，影响企业发展；造成下岗人数增加，就业压力增大；造成居民收入减少。企业的不景气和失业率上升，必然减少居民家庭收入；导致实际利率上升，抑制社会投资和消费需求的增长；造成银行坏账增多，利息支付增多，直接影响银行的效益、生存和发展；造成社会不安定因素增大；若解决不力，易产生进一步通货紧缩的恶性循环，必然制约经济的正常运行，影响经济结构调整的步伐和经济运行质量的提高。虽然没有通货膨胀来得快，但通货紧缩的慢性特点使得它的破坏力也是巨大的，这种力量积累起来，在短期的危害就是大量的生产力不能释放出来，大量资金无法利用，就业成问题，消费需求也就上不去。

6. 试比较衡量通货膨胀的消费物价指数、批发物价指数、GNP平减指数的优缺点。

答：① 消费物价指数（CPI）。也称零售物价指数或生活费用指数，它反映消费者为购买消费品，而付出的价格的变动情况。其优点是能及时反映消费品供给与需求的对比关系，资料容易收集，公布次数较为频密，能够迅速直接地反映影响居民生活的价格趋势；缺点是范围较窄，只包括社会最终产品消费中的居民消费这一部分，不足以说明全面的情况。一部分消费品价格的提高,可能是由于品质的改善,消费物价指数不能准确地表达这一点,因而有夸大物价上涨幅度的可能。

② 批发物价指数(WPI)。是根据制成品和原材料的批发价格编制的指数,其优点是对商业周期反应敏感,缺点是不包括劳务产品在内。同时它只计算了在生产环节和批发环节的价格变动,没有包括商品最终消费时的价格变动,其波动幅度常常小于零售商品的价格波动幅度。

③ GNP 平减指数。它是按当年价格计算的国民生产总值与按不变价格计算的国民生产总值的比率。其优点是范围广泛,除了居民消费品外,还包括公共部门的消费等,因此能较准确地反映一般物价水平的趋向;缺点是资料较难收集,需要对不在市场上发生交易的商品和劳务进行换算,因此公布次数不如消费指数频密。

7. 需求拉上型通货膨胀理论有哪两种形态?

答: ① 凯恩斯的"需求拉上论":凯恩斯对传统货币数量说作了两个修正:A. 抛弃了流通速度固定不变的假设;B. 承认非充分就业现象的存在。他认为,价格上升是由于总需求的过度增加而引起的,而总需求的增加不一定由货币供给的增加引起(即使货币供给不变时,总需求 AD 上升,价格 P 也会上升),同时认为货币数量与一般物价水平同比例上涨只是在经济达到充分就业后的特殊情况,而非普遍状况。当经济处于非充分就业时,就会出现"半通货膨胀"状态,货币数量增加不具有十足的通货膨胀性,而是一方面增加就业量和产量,另一方面也使物价逐渐上涨。当达到充分就业后,供给已无弹性,货币数量的增加,只会导致有效需求的增加,但已无产出增加的效用,反使单位成本随有效需求同比例上涨,出现真正意义上的通货膨胀。

② 货币学派的"需求拉上论":强调货币供给量对通货膨胀的决定作用,但产量的作用为辅,许多引起通货膨胀暂时性波动因素只有影响到货币增长率时,才会产生持久的影响,如果货币数量增长率超过产量的增长率,势必会造成通胀。

在凯恩斯理论中,C, I, G 与 M 之间并无固定的因果关系,两者可相互影响；而在货币学派的理论中，M 变化是因，通胀变化是果，引起总需求变化的唯一因素是 M 的增减，而 M 又完全是由政府的货币政策所控制，所以货币供应量是一个独立的外生变量，其变动必定先于物价变动而发生。

8. 结构性通货膨胀的模型有几种？试简述之。

答：① 舒尔茨的"需求移动论"，从经济结构的变化导致需求在部门之间的移动来解释通胀原因，认为即使总需求不多，只要需求在部门之间发生移动，也会产生通货膨胀，需求增加的部门，其工资和物价必然上涨，而需求减少的部门，由于工资物价存在刚性，却不一定会下降，从而导致整个经济部门中价格水平的结构性上升。

② 鲍莫尔提出一个以不同劳动生产率增长率为核心的通货膨胀模型。

③ 希克斯和托宾的劳动供给理论，强调工人对相对工资的关心，繁荣部门工资上升会影响非繁荣部门工人的心理平衡，后者通过劳资谈判获得同样比例的工资提升。

④ 北欧模型：指一类小型国家，它们参与国际贸易，但进出口总额在世界市场上所占份额相当小，相当于处于完全竞争市场，其通货膨胀取决于三个因素：世界市场通货膨胀率，开放部门与非开放部门之间劳动生产率的差异，以及开放部门与非开放部门在国民经济中所占的比重。

9. 简要分析"斯堪的纳维亚模型"的内容。

答：这又被称为"北欧模型"，主要适用于分析小国开放经济的通货膨胀问题，如上题④中所述，其通货膨胀率取决于三个因素，包括以下几个主要关系：

① 固定汇率下，开放部门的通货膨胀率 π_E 等于世界通货膨胀率 π_w，即

$$\pi_E = \pi_w。$$

② 开放部门的劳动生产率的增长率 λ_E 由外生变量决定，$\pi_E + \lambda_E$ 构成开放部门每个工人产出价值的增长率，如果收入分配结构不变，

则每个工人的产出价值增长率就等于货币工资的增长率 W_E，即

$$W_E = \pi_E + \lambda_E。$$

③ 开放部门的货币工资增长率 W_E 与非开放部门的货币工资增长率 W_s 之间存在着一种"挤出效应"或"关联效应"，即

$$W_E = W_s。$$

④ 非开放部门实行成本加成定价原则，因此有

$$\pi_s = W_s - \lambda_s。$$

⑤ 开放部门的通货膨胀率 π_E 与非开放部门的通货膨胀率 π_s 的加权平均数构成国内通货膨胀率 π，即

$$\pi = \alpha_E \pi_E + \alpha_s \pi_s。$$

其中，α_E 和 α_s 分别为开放部门和非开放部门在国民经济中的比重，因此有

$$\alpha_E + \alpha_s = 1。$$

以上这些关系经过简单的数学处理后，就可以得出斯堪的纳维亚模型的结论，即

$$\pi = \pi_w + \alpha_s(\lambda_E - \lambda_s)。$$

10. 试从菲利普斯曲线的发展过程阐述通货膨胀效应理论。

答：第一阶段的菲利普斯曲线认为，失业率和货币工资上升率之间存在一种比较稳定的替代关系，因此可以通过增加财政支出，增加货币供应量，实行膨胀性政策，刺激投资与消费，增加有效需求。此时的菲利普斯曲线是支持通货膨胀效应理论中的"促进论"的。

第二阶段的菲利普斯曲线出现在 20 世纪 60 年代中后期，一些国家通货膨胀也同时上升，弗里德曼提出适应性预期理论和"自然失业率"概念，此阶段的菲利普斯曲线支持"中性论"。

第三阶段的菲利普斯曲线被弗里德曼定义为长期内向上倾斜的曲线，他认为高度的和变化的通货膨胀，可能也提高自然失业率，此时曲线则支持"促退论"。

11. 治理通货膨胀的需求政策、收入政策、供给政策以及结构调整政策分别针对什么类型的通货膨胀？各有什么优缺点？

答：主要有以下几种政策：① 需求政策。主要针对总需求过度膨胀引起的通货膨胀，包括：A. 财政紧缩政策：主要方式有削减政府支出；限制公共事业投资和福利支出；增加赋税，抑制私人企业投资和个人消费支出。其优点是：紧缩较大时，通胀得到迅速抑制；缺点是：财政支出刚性大，削减时阻力很大，且易导致失业和经济萧条。B. 货币紧缩政策：减少货币总量或控制货币供应量的增长速度。缺点是：货币当局不一定总能完全控制货币总量及其增长速度。

② 收入政策。即工资物价管制政策，针对成本推进型通货膨胀。优点是：在成本推进的工资—物价螺旋式上升出现时，能用较小的代价加以遏制，又不造成大规模失业。缺点是：A. 保守性的指导性政策或税收政策，效果取决于劳资双方与政府的合作；B. 强制性收入政策会妨碍市场机制对资源的有效配置；C. 如果价格策划的同时没有采取相应的紧缩需求的政策，只不过使公开的通货膨胀转为隐蔽型的。

③ 供给政策。针对有效供给不足，需求相对过剩造成的通货膨胀，着力增加生产性供给，措施有：A. 减税；B. 削减政府开支；C. 限制货币增长率，稳定物价。优点是：强调了一向被人们忽视的供给方面的因素，从供给入手；缺点是：过分夸大了减税的作用。

④ 结构调整。针对结构性通货膨胀，措施有：A. 微观财政政策：不变动税收总量，而只调节各种税率及其施行的范围；不变动支出总量，而调节支出项目。B. 微观货币政策：利息率结构，信贷结构调整。优点是：强调了供给中的结构性因素；缺点是：缺乏总量上的压缩。

12. 请简述国内关于通货膨胀讨论的几种主要流派。

答：国内学术界围绕通货膨胀成因及治理方法的争论大致可分为五种主要流派。

第一种是货币数量派。该流派认为中国目前所面临的通货膨胀没有任何特殊性，在本质上就是货币发行过多造成的。因此治理该通货膨胀的方法就是采取紧缩的货币政策,减少货币的发行量。

第二种是其他需求拉动派。在该派别看来,货币发行过多只是导致需求拉动的一种因素而已,需求膨胀导致通货膨胀途径有很多,主要体现在:① 由于人民币过分低估导致外需过旺,进而导致外需拉动型通货膨胀;② 由于过度城市化导致固定投资过度膨胀,引发投资拉动型通货膨胀;③ 由于人们消费升级导致粮食需求上升,进而导致粮食价格主导型的通货膨胀;④ 由于经济增长速度过快导致总体性需求的上涨。因此该学派认为,治理目前通货膨胀不仅需要紧缩的货币政策,而且还必须通过大幅度本币升值、从紧的投资政策以及价格管制等措施进行总需求抑制,总需求抑制是解决中国通货膨胀的关键。

第三种是成本推动派。该派别认为,导致中国价格上涨的核心原因在于,经济高速发展带来的供应短缺以及相应的各种成本的急剧上涨。具体体现在:① 由于土地资源有限性导致的地租价格的上涨;② 由于劳动力市场出现"刘易斯拐点"和新合同法的出台,导致劳动力成本的上升;③ 由于美元贬值、投机资本以及气候等原因导致各种原材料和大宗商品价格的暴涨;④ 由于节能环保政策的出台,导致环境成本的大幅度上升;⑤ 农业机会成本以及实际成本的上升导致粮食价格的上涨。因此,该流派认为,相比需求管理而言,中国更重要的是应当进行供给管理,国家应通过鼓励企业创新、减税、补贴等措施扩大企业成本消化的能力,同时利用财政政策和体制改革以提高农业产量和其他"瓶颈"产业的供给。

第四种是结构价格上涨派。该流派认为,2006 年至 2008 年上半年的价格上涨具有结构性上涨的特点,在本质上是一种相对价格的上涨,价格上涨的根源有:中国经济非均衡发展导致的结构性上涨;中国经济改革在要素价格改革滞后背景下,要素价格管制的放松必定带来密集使用劳动力、原材料和土地等要素的部门生产的产品价格急剧上涨;中国工业化、国际化以及城市化紧张到一定程度,需要中国经济进行结构性调整,必然引起相应供求的相应变化,进而引起相对价格的变化。

第五种是输入型通货膨胀派。该流派认为，目前的通货膨胀不是中国经济所特有的，全球都面临着结构性价格上涨的问题。中国经济在高度的国际化进程中，通过以下途径将大量的通货膨胀因素输入中国：① 大量的贸易顺差和资本与金融项目顺差将国际流动性过剩输入中国；② 国际石油和原材料价格暴涨通过大量的国际大宗商品的进口输入中国；③ 国际食品价格的上涨给中国食品价格带来了上涨的预期；④ 对人民币升值的预期导致大量投机性资本的涌入，引起国内资本价格上涨。

我们认为，以上各种流派均能在不同程度上对通货膨胀的某一成因进行侧重解释。而实际上某一时期的通货膨胀可能是以某一或某几种因素为主、多种因素结合在一起造成的，不同时期的通货膨胀的主要原因可能也各不相同。因此为更好地应对某一具体的通货膨胀，我们既需要看到通胀成因的综合性与系统性，又要能区分主要和次要原因，把握、应对好主要矛盾的主要方面。

13. 请简述全球化影响通货膨胀的渠道。

答：全球化影响通货膨胀的渠道主要包括：① 为防止资本流动对经济产生负面作用，全球化可能促使各国中央银行更加偏好低通胀目标，以促进经济平稳增长（Tytell and Wei ，2004）。② 贸易规模扩大加剧产品市场和劳动力市场竞争，来自低成本经济体的进口制造品会对国内价格产生向下的压力。③ 全球化竞争导致劳动生产率提高、总供给增加，有利于形成低通胀、平稳增长的态势。④ 由于劳务外包，特别是发达国家向发展中国家的外包，导致劳动力工资水平的下降。⑤ 随着金融开放程度提高，资本流动规模扩大，巨大的贸易赤字和国内缺口可以通过资本和金融账户弥补，经济全球化导致通货膨胀对国内产出缺口的敏感性下降。⑥ 周期性因素，如新兴市场经济体对能源和原材料的周期性需求上升导致能源和初级产品价格上涨。但对于发达国家而言，由于进口能源和初级产品占全部进口产品的比重以及食品消费占全部消费的比重较低，能源和初级产品价格高涨对发达国家的 CPI 并未产生显著影响。

14. 请简述萨缪尔森、布坎南、瓦格纳等人的"滞—缩"理论。

答：这是战后出现的一种反凯恩斯主义的、与"滞—胀"相对应的理论。"滞—缩"理论的主要代表人物布坎南、瓦格纳、萨缪尔森等都是反凯恩斯主义者。他们认为，通货膨胀也好，通货紧缩也好，都是政府政策的产物，原因在于政府干预过多，政策失当。布坎南、瓦格纳认为："政府活动的扩展本身就可能是不稳定的一个根源。"通货紧缩的一个重要标志是"市场呆滞"。要从高通货膨胀恢复到经济正常发展过程必然会经历衰退。"衰退是恢复过程的一个必不可少的组成部分。只要采取减少总开支的紧缩政策就可以减缓通货膨胀。失业要求扩大开支，而通货膨胀又要求紧缩，这就是其窘境，明了而又简单。"控制过高的通货膨胀容易导致通货紧缩，而治理通货紧缩又要求扩大开支，实行通货膨胀，两者一旦交替循环，便会陷入进退维谷、左右为难的困境。所以"滞—缩"同"滞—胀"一样难于治理。

关于"滞—缩"的形成和作用机理，萨缪尔森和诺德豪斯在他们的《经济学》一书中阐述得十分清楚："货币收缩抬高利率，这压低投资支出，并且通过乘数抑制总需求，并以此降低产量和价格。这个基本顺序是：M(货币供应)↓→r(利率)↑→I(投资)↓→Y(总收入)↓和P(物价水平)↓。"由此可见，Y 和 P 的下降完全是由 M 的下降所引起的，即由通货紧缩所致。Y 和 P 的下降又会进一步迫使与促进 M 的收缩，如此循环往复，必然造成经济衰退、停滞和通货紧缩并存。

"滞—缩"理论虽然也着眼于货币供应量的减少来分析通货紧缩，但它不同于以往的货币理论，它是着眼于反凯恩斯主义国家干预的新自由主义货币理论。其基本点是反"滞—胀"，但结果却落了个"滞—缩"。因为它没有抓住资本主义经济发生"滞—缩"的根本原因在于资本主义制度本身，而只是认为其原因在于由于凯恩斯主义的国家干预过多，经济中发生严重过度的通货膨胀，而不得不实行通货紧缩政策所致。因此，"滞—缩"理论不可能揭示资本主义经济运行中"滞—缩"现象的深刻经济根源，这是它无法超越的局限性。但同样不能否认的是，"滞—缩"理论也具有其一定的合理性及适用性，即它指出了通货紧缩的政策原因，并大力反对国家干预过多，反对通货膨胀,这对各国政府都是有实用价值与借鉴意义的。

15. 请简述克鲁格曼的通货紧缩理论。

答:面对近几年来世界范围内通货紧缩的蔓延,美国著名经济学家保罗·克鲁格曼进行了大量的研究,创造性地发挥和发展了凯恩斯主义的流动陷阱理论,主张推行"激进"的或"反传统"的货币政策主张,逐步形成了一套较完整的"新凯恩斯主义"的通货紧缩理论。

第一,克鲁格曼认为,当今世界上发生的通货紧缩不是由供给过剩造成的,而是起因于社会总需求不足。

第二,克鲁格曼认为,通货紧缩物价下降,是市场价格机制强制实现经济均衡的一种必然,更是流动性陷阱作用的结果。

第三,克鲁格曼认为,必须对适度通货膨胀政策的可行性进行研究,他主张用"有管理的通货膨胀"来治理通货紧缩,这是对传统货币金融理论的挑战。

克鲁格曼的通货紧缩理论的缺陷在于:过分钟爱激进的货币政策,而忽视结构的调整和改革,认为结构调整与改革无助于即期经济复苏,这无疑有失偏颇。运用财政手段扩大投资,不仅可以改善经济结构,扭转生产结构和消费结构的错误及脱节状况,更重要的是可以扩大需求,给实际利率以向上的推力,增加货币政策的有效性。如果供给结构不从根本上得以改善,使用"有管理的通货膨胀",不仅不会抑制住通货紧缩,反而会由于经济结构恶化,使得通货膨胀难以适度,而最终走向恶性通货膨胀的老路。所以,克鲁格曼的用通货膨胀的主张,会不会再导致经济陷入恶性通胀的陷阱,也是值得警惕和需要探究的。

16. 简述伯纳克的信贷中介成本理论。

答:美国经济学家伯纳克认为,货币主义理论单纯从货币供应收缩的角度去解释通货紧缩和大萧条是不充分的。伯纳克在费雪的债务—通货紧缩理论的基础上,于 1983 年提出了信贷中介成本理论,从信贷中介成本的角度去解释金融危机和大萧条的关系。从而对货币主义的通货紧缩理论作了补充。伯纳克认为,信贷交易成本的上升迫使银行提高贷款利率,贷款利率的上升又会进一步增加债务人无法还贷的风险,这使得银行普遍惜贷。银行的惜贷使得经营者难以从银行筹集到生产经营所需的资金,这就限制了生产能力的提高,另外,消费者会因消费信贷利率的提高而减少当前消费。所以,信贷中介成本的上升从总供给和总需求两个方面造成了总产出的下降。

　　显然,伯纳克的信贷中介成本理论并没有超出货币主义学派的货币供应收缩理论的范围,他也认为通货收缩是经济大萧条的诱因。

图书在版编目（CIP）数据

现代货币银行学教程习题指南/胡庆康主编. —3 版. —上海：
复旦大学出版社，2010.2(2023.5 重印)
（复旦博学·金融学系列）
ISBN 978-7-309-07068-2

Ⅰ. 现…　Ⅱ. 胡…　Ⅲ. 货币和银行经济学-高等学校-解题　Ⅳ. F820-44

中国版本图书馆 CIP 数据核字（2010）第 017143 号

·

现代货币银行学教程习题指南(第三版)
胡庆康　主编
责任编辑/李　华
复旦大学出版社有限公司出版发行
上海市国权路 579 号　邮编：200433
网址：fupnet@ fudanpress. com　http://www. fudanpress. com
门市零售：86-21-65102580　　团体订购：86-21-65104505
出版部电话：86-21-65642845
盐城市大丰区科星印刷有限责任公司

开本 787×960　1/16　印张 14.75　字数 195 千
2010 年 2 月第 3 版
2023 年 5 月第 3 版第 11 次印刷
印数 60 201—65 300

ISBN 978-7-309-07068-2/F · 1561
定价：36.00 元